スティーブ・ジョブズ 神の遺言

桑原晃弥

経済界新書 013

まえがき

２０１１年10月、スティーブ・ジョブズは、私たちに早すぎる別れを告げた。享年56。８月にアップルＣＥＯ（最高経営責任者）を辞任してから、わずか2か月後の逝去だった。

「現代のレオナルド・ダビンチ」「エジソン以来の発明家」と惜しむ声が、年齢や立場の差なく、あらゆる国で多くの人からあがった。それも当然だろう。

ジョブズが新製品のプレゼンテーションをするたびに、世界が少しだけ新しくなる。そんなワクワク感を、私たちはずっと楽しんできたからだ。

ジョブズは、パソコンという人類が知らなかった新しいツールを世に出し、歴史を変えてくれた。ｉＰｏｄ、ｉＰｈｏｎｅ、ｉＰａｄなどでライフスタイルも広げてくれた。まさに「独創の神」だった。

ジョブズのいない世界は、以前よりつまらなく感じられる。

それだけではない。ジョブズという生き方が、私たちは「未来はもっとよくなる」という確信を与えていたとも感じるのだ。それは大げさなものではないが、決して小さくなかったと思う。

「ハーイ、スティーブです。僕のビジョンを引き継いでくれないか。それはビジネスモデルとか自分の成功とかじゃないんだ。明日をよりよく変えたいということなんだ」

そんなジョブズの声が聞こえる気がしないだろうか。

これまで、私たちは彼のすばらしい仕事ばかりに目を奪われがちだった。だが、いつも新しかったジョブズを追うことはもうできない。スティーブ・ジョブズという人間を、死生観や家族といったプライベート、劣等感や自信といった心理面も含めたトータルで見る時がきたようだ。

彼ほど評価がコロコロ変わった人間も珍しい。

「油断ならない若造」（アップル設立前）

「世界で最も若い億万長者」（株式公開をした25歳）

「独裁者」（マッキントッシュを開発した20代後半）

「全米で最も有名な失業者」（アップルを追放された30歳）
「売り込みの天才」（アップルに復帰しマイクロソフトと提携した42歳）
「3分間のプレゼンで100億円を生む男」（iPodが成功した40代後半）
「過去10年間で最も優秀な経営者」（病気療養から復帰した54歳）
それは、ジョブズの生き方のステージが目まぐるしく入れ替わってきた証《あか》しだといえる。
私たち自身の人生も次々と転回している。日本という国自体が歴史的な変動の中にあって、心が折れそうになることもしばしばだ。
そんな時に、ジョブズの生い立ちから死までを俯瞰《ふかん》するのは、大きな人生のヒントになるに違いない。勇気を得られるとも思う。
本書に満載されたジョブズの大小のエピソードや示唆《しさ》に富む言葉が、未来を開く一助になることを願っている。

桑原晃弥《くわばらてるや》

目次◎スティーブ・ジョブズ　神の遺言

まえがき　3
スティーブ・ジョブズ略歴　12

1章
仏教には初心という教えがある——人生の展開

1　仏教には「初心」という教えがある。　20
2　宇宙に存在するものなら自らの手で生み出すことができる。　23
3　手がけているのはこれまでなかったものだ。
やっていることは偉業にほかならない。　26
4　心の底から思い込め。でなければやり遂げるかいがない。　29

5 我慢することだ。 32
6 献身しているのは技術とか革新ではなく、生き方を変えるようなことだ。 35
7 生がもたらした発明の中でも、死ほどすばらしいものはない。 38
8 日々を最後の日として生きよ。その日は誤ることなくやってくる。 41
9 アップルは、うずうずしている人間を雇うのだ。 43

2章 今日は素敵なことができたと思いながら眠れ——人生の充実

10 親になると世界が変わる。自分の内側にあるスイッチが切り替わったみたいだ。 48
11 育ちに重きを置いていたが、生まれに重きを置くようになった。 51
12 テクノロジーがなくても素晴らしい人間は育てることができる。 55
13 今日は素敵なことができたと思いながら眠りにつくこと。それが一番だ。 59
14 もしこれが地球で過ごす最後の夜だったら？ 62

15 今やるべきなんだ。 65
16 これで世界が変わるわけじゃない。変わらないんだ。 68

3章 毎日18時間働いた。それを楽しんでいた――人生と闘志

17 恨みに駆られてたくらんだと思われたくなかった。 72
18 僕はきっと戻ってくる。 75
19 毎日18時間働いた。みんなそれを楽しんでいた。 77
20 対策を打たない限り、行き着く先は、死だ。 80
21 何かを捨てないと前に進めない。 83
22 大切なのは、明日、何が起きるかだ。 86
23 ある日、独占が終わる。 89
24 自分の価値観を信じるんだ。 92

25 世界一ラッキーだと思う。 95

4章 目標は金持ちになることではなかった——人生と誇り

26 なすべき仕事を手がけてきただけだ。 100
27 目標は最も大きくなることでも、最も金持ちになることでもない。 103
28 誰にとっても使いやすい。それが私の仕事だ。 105
29 それが生きがいなんだ。人生のほとんどを賭けてきた。 108
30 できない規模の事業に取り組んでいく。 111
31 イノベーションの出どころは、夜の10時半にアイデアが浮かんだと電話をし合う社員たちだ。 114
32 外部から気楽に調達できるものじゃないんだ。だから育てるんだ。 117

5章

最初の電話のような可能性をつくる――人生と創造

33 操作が簡単なほうがいいという信仰は間違いだ。いちいち操作するより、そのまま使えるほうがずっといい。 122
34 相手を負かすのではない。勝つためには自分がいい仕事をしなければならない。 126
35 いわば「最初の電話」のような可能性をつくりたい。 129
36 私たちは自己イノベーションによって不況から脱する。 132
37 これは市場が求めているものではなかった。 134
38 苦しい時こそ、自分にとって何が価値を持つかがわかるんだ。 138
39 いい兆候だ。危うさの向こうにひと山ありそうなのに、誰も手を出していない。 141

40 業界標準をつくり出す。 144

6章 探し続けろ。妥協はだめだ——人生と確信

41 僕は、自分が何を求めているか知っている。 150
42 自分がものさしにならなければならない。 153
43 快適だと思ったんだ。 156
44 才能を十二分に発揮しろ。 159
45 僕らならできる。 162
46 僕が生命を与え、収穫する。 165
47 探し続けなくてはならない。妥協はだめだ。 168

参考文献 172

スティーブ・ジョブズ略歴

1955年（0歳） サンフランシスコで生まれる
ビル・ゲイツがシアトルで誕生

1971年（16歳） **スティーブ・ウォズニアック**と出会い、親しくなる

1972年（17歳） オレゴン州リード大学に進むが、ほどなく中退

1974年（19歳） ゲームメーカー・アタリ社の夜勤エンジニアになる

1975年（20歳） ゲイツがマイクロソフト創業

●ビル・ゲイツ●

マイクロソフト創業者。ジョブズのライバルだったが、最終的には協力関係になる。猛烈に働き、質素に暮らす点など2人には共通点も多い。現在は現役を退く。

●スティーブ・ウォズニアック●

ジョブズより5つ年長の同郷の友人。13歳で科学コンクールに優勝するなど「ウォズの魔法使い」と呼ばれた天才的技術者。1985年にアップルを実質的に退社。

パロアルト研究所（PARC）

複写機メーカーのゼロックスが設立。近くのスタンフォード大学の協力も得て、プリンタやコンピュータ・インターフェイスなどの非常に先進的な研究を行った。

1976年（21歳）
アップル創業
アップルI発売

1977年（22歳）
アップル法人化
初代社長マイク・スコット
アップルII発売。大ヒット

1979年（24歳）
パロアルト研究所を見学

1980年（25歳）
アップル株式公開
若くして巨富を得る

1981年（26歳）
マッキントッシュチームを指揮
暫定CEOマイク・マークラ
IBMがパソコンに参入

アップルI・II

両機ともウォズニアックが独力で製作。Iは世界初のパソコンで生産台数は200台。IIは商業的に成功した世界初のパソコンで生産台数も500万台といわれる。

マッキントッシュ

愛称マック。現在のパソコンの原型となった名機で、自由を開拓するマックと人を縛るIBMパソコンといわれた。開発チームのすさまじい働きぶりは伝説的。

ネクスト

教育やビジネス向きパソコンの開発会社。ハード事業からは1993年に撤退したが、ＯＳのネクストステップがアップルに採用され、ジョブズ復帰の原動力となる。

１９８３年（28歳）	ＣＥＯにジョン・スカリー ウィンドウズ１・０発売
１９８４年（29歳）	マッキントッシュ発売 テレビＣＭ「１９８４」放映
１９８５年（30歳）	アップルを追放される **ネクスト**創業
１９８６年（31歳）	**ピクサー**を買収しＣＥＯになる
１９８８年（33歳）	『ティン・トイ』アカデミー短編賞
１９９１年（36歳）	ローレン・パウエルと結婚 ピクサーがディズニーと契約

ピクサー

ＣＧの功労者エド・キャットムルと天才監督ジョン・ラセター、およびＣＧの魔術師アルビー・レイ・スミス（のち退社）が主力。ジョブズは彼らの総指揮官の立場。アカデミー短編アニメ賞、長編アニメ賞の常連会社。

1993年（38歳）
CEOにマイケル・スピンドラー

1995年（40歳）
『トイ・ストーリー』世界ヒット
ピクサー株式公開で再び富豪に
ウィンドウズ95発売

1996年（41歳）
CEOにギル・アメリオ
アップルに特任顧問として復帰

1997年（42歳）
アップル暫定CEOに復帰
マイクロソフトと業務提携

1998年（43歳）
iMac発売、大ブームに
ラリー・ペイジらがグーグル創業

iMac

ボディからコードまで統一された美しいカラーとフォルム、個人を象徴するｉのネーミングで革命を起こしたパソコンのシリーズ。発売後１年で190万台を出荷。

iPod

発売当時の保存曲数1000曲は驚異的大容量だった。出荷累計は2004年1000万台、06年8800万台、10年２億9700万台に及ぶ。iTunesと共に音楽文化を一変させた。

２０００年（45歳）
アップル正式ＣＥＯに就任

２００１年（46歳）
iPod発売

２００２年（47歳）
ｉＰｏｄウィンドウズ版を発売

２００３年（48歳）
iTunes Music Store開始
『ファインディング・ニモ』メガヒット

２００４年（49歳）
膵臓ガンの摘出手術で休職
ｉＰｏｄ ｍｉｎｉ発売
ザッカーバーグがフェイスブック創業

２００５年（50歳）
スタンフォード大学でスピーチ

iTunes Music Store

音楽や動画などの配信を行うサービス。５大音楽レーベルの参加を得て、ＣＤに代わる新市場を創出した。2006年の映画配信開始に伴いiTunes Storesに改称。

iPad

iPod、iPhone の機能も持つタブレット型コンピュータで、パソコンに新分野を開拓した。電子書籍購読などの機能も加わった。出荷累計は2010年1479万台。

2006年（51歳）
ディズニーがピクサーを買収し
ジョブズがディズニー筆頭株主に

2007年（52歳）
iPhone発売

2008年（53歳）
ビル・ゲイツ引退

2009年（54歳）
二度目の病気療養
半年で復帰

2010年（55歳）
iPad発売
アップルの株式時価総額が
マイクロソフトを抜く

2011年（56歳）
iPad2発売
CEOを辞任・10月5日　死去

iPhone

大手の独壇場だった通信産業を革新したスマートフォン。iPod の機能も持ち、多くのアプリが開発された。出荷累計は2007年369万台、10年8784万台に及ぶ。

翻訳・執筆協力　秋山　勝

1章

仏教には初心という教えがある

——人生の展開

1 仏教には「初心」という教えがある。

ウェブの存在が人々にはっきりと意識されるようになったのは、1990年代のある日のことだ。

スティーブ・ジョブズは、その「ある日」を感じ取っていたようである。

1996年、次のようなコメントを残している。

「ウェブは電話にちょっと似ている。たった2台の電話機は人の意識にのぼらない。3台でも同じだ。4台目もそう。100台ぐらいになれば、少しは人の目にとまる。1000台ぐらいからは、ちょっとした関心を呼び始めるだろう。しかし、周辺に1万台の電話機があるようになれば、誰もが大きな関心を寄せるようになる」

すでにインターネットは普及していたが、その展開であるウェブが世界を変えつつあることは、人々の意識にのぼっていなかった。ウェブは「これが1・0（最初期の技術などの総称）ですよ」と定義されないまま進化していき、意識された時には「ウェブ2・0」という新たな市場になっていた。

市場は需要の単純な足し算で生まれるのではない。ある日、ある地点を臨界として、ビッグバンのように爆発的に広がり始めるものだ。そうなれば誰もが否応《いやおう》なく巻き込まれる。

ジョブズは、ウェブがそうなり始めていることを直感していたのだろう。

「数万、数十万というサイトが存在する世界がどういうことを意味するのか、多くの人たちには見通すこともできず、想像することもできなかった」

そうジョブズは言っているが、裏を返せば自分には想像がついていたということだ。

ジョブズは、1970年代に、同じように近未来を見通した経験をしている。

パソコンである。当時、コンピュータといえば大企業や公的機関が使う大型の汎用機種「メインフレーム」のことだった。「パソコンの父」と称される天才科学者アラン・ケイが

「個人向けのコンピュータ」をいち早く提唱したが、一般人は何も思い描けなかった。

ジョブズはその状況をこう言っている。

「誰も本当に何もわかっていなかった。専門家はもちろんいないし、いたにしても専門家の言うことなどいつも間違っていた」

ほどなくジョブズは、アップルの共同創業者スティーブ・ウォズニアックが自作した世界最初のパソコンともいえる「アップルⅠ」を手にする。そして、可能性と成功のチャンスに満ちているが、誰も見向きもせず、まだ存在するかどうかもわからない「パソコン市場」に打って出るのである。

市場の将来性を見抜いたのは、ジョブズの「初心」だった。

若きジョブズが日本の禅に傾倒し、曹洞宗《そうとうしゅう》の僧侶・乙川弘文《おとがわこうぶん》に師事していたのは有名な話である。ジョブズは後年、「仏教には『初心』という教えがある」と回顧しているが、禅で研ぎ澄ませた初心が、パソコンの可能性を見抜く力の一つになったのだろう。

いい製品は市場の激動の中でつくられるが、その市場を見通す力は、心の静けさの中でつちかわれるのだ。

2
宇宙に存在するものなら自らの手で生み出すことができる。

ジョブズが5歳の時、一家はカリフォルニア州シリコンバレーに引っ越す。すでに多くのエンジニアたちが住んでいたこの町で、ジョブズはヒューレット・パッカード社勤務のラリー・ラングという業界人と知り合い、ものづくりの原点を経験することになった。

父親ポール・ジョブズから、メカニック（機械）の手ほどきを受けていたが、ラングはエレクトロニクス（電子）を教えてくれたのだ。

その教材が、ラングが好んで組み立てていた「ヒースキット」だった。ヒース社から販売されていた電子キットのことである。

ヒース社は、元々は軽飛行機のキットを販売していたが、第2次世界大戦が終わって軍が大量の電子部品を放出したのに目をつけ、愛好家に図面を添えたキットとして売り出したのだ。大成功し、ハイファイオーディオ、テレビ受信機、アマチュア無線機などが次々とラインナップに加わった。

とりわけ評判を呼んだのがアマチュア無線機だった。キットの登場前は、自作するには部品を一つひとつ集めなければならなかった。だが、キットなら図面もあるし、すぐに製作に取り組める。値段も、完成品を買うよりはるかに安かった。

ジョブズはこう述懐している。

「キットを組み立てることで、大切なことをいくつか学んだのかもしれない。ひとつは最終製品の内部がどんな構造になっているのかを理解できるようになったこと。機器の仕組みがわかるのだから、それがなぜ動くのかという原理もわかってくる。

けれど、それよりも大切なことは、この宇宙に存在するものなら自らの手で生み出すことができるのだという感覚が養われることのほうかもしれない」

手を動かして実際に機器を組み立てていくことで、ものを動かす原理が身に備わっていく。そして、機器の内部の原理がわかってしまえば、どれほど複雑な動きを示す製品でも、機器は「魔法」でなくなる。

「テレビを前にしてこういう思いが頭に浮かぶ。『テレビは組み立てたことはない。しかし、やれるはずだ』と」

そうジョブズは言っている。

私たちは、まず精妙な機器に感動する。だが、それをつくり出した原理が理解できれば、感動は「自分でつくりたい」という創作意欲に変わるのだ。

ジョブズはエンジニアではないと、たびたび指摘されてきた。

電子工学の学位も持っておらず、裕福ではない両親に無理を言って入った大学リード・カレッジも半年で退学している。アップルの礎《いしずえ》を築いたアップルI、アップルIIの開発は天才ウォズニアックの手になるものだ。

しかし、エンジニアではないからこそ、担当者に無理難題を突きつけて、製品を「アート（芸術）」のように仕上げることができる。

美しさとは、科学的な原理がものとして表れたものだ。そうでなければならない。

3

手がけているのはこれまでなかったものだ。やっていることは偉業にほかならない。

どうしても手に入れたいものを目の前にした時、ジョブズはいつもこう言って相手からイエスを引き出した。

「手がけているのはこれまでになかったものだ。やっていることは偉業にほかならない」

ものすごい自信だ。

その原点は、アップル創業時にすでに芽吹いていたようだ。

たとえばウォズニアックは、アップル時代のジョブズの仕事には、いつも「不思議な感じがした」という。

「設計図もプログラムを書いたこともない。コンピュータのデザインなどできるわけはない。なのに、ジョブズには何がよくて何が悪いのか、はっきりとわかっていた」

ウォズニアックもコンピュータの天才と賞賛された人物である。その彼が舌を巻くほどの才能をジョブズは持っていたというのだ。だから、たとえ、ジョブズが自分と出会わず、アップルを設立していなくても成功していただろうと、ウォズニアックは言っている。

「ジョブズは組織をまとめ上げる能力と、会社を立ち上げる野心に恵まれていた。（自分と出会うことがなくても）違う誰かの発明を使って同じことをやっていただろう」

「ジョブズは今とほとんど違いはなかったはずだ。組織の頂点に君臨し、成功した実業家として、これまでにない製品を世に送り出していたと思う。出世を望んでいたが、金が欲しいからといって月並みな会社をつくって満足する男ではない」

確かに、二人が出会った頃から、ジョブズは、こう放言していた。

「尊敬するのはニュートンやシェークスピアのような人物だ」

世界を変え、人の人生に影響を与える大天才など、人類のほんのひと握りしかいない。

だが、ジョブズがそのひと握りになりたがっていたのは明らかだ。

ウォズニアックが望んだのは、ずっとまっとうなことだった。プログラムを書くこと、電子機器をつくることだった。だから、アップル創業後、ジョブズはすぐにアタリ社をやめて社業に専念したが、ウォズニアックは勤務先のヒューレット・パッカード社をなかなか辞めなかったのだ。

こうした二人が出会い、世界を変える会社を立ち上げたことがすでに奇跡である。奇跡のあとは現実が待っており、ジョブズは「経営者失格」の烙印《らくいん》を押されてアップルを追放されてしまうのだが、「やっていることは偉業」「ニュートンになりたい」というような人間が煙たがられるのは当然だったとも言える。

「会社についてはそれぞれの立場で関わっていった。以来、二人はそれぞれ異なる仕事で、死に物狂いで働き続けた」

ウォズニアックはそう述懐している。

強烈な自負と自信を持ち、猛烈に働くことが成功の原点なのだ。誰にでも100%できることではない。だが50%くらいから始めることはできるのではないだろうか。

4

心の底から思い込め。でなければやり遂げるかいがない。

1955年生まれのジョブズの少年期、青年期は、アメリカの転機に当たっていた。ドルが世界の基軸通貨となって繁栄を謳歌《おうか》する一方で、J・F・ケネディ大統領の暗殺やベトナム戦争に象徴される矛盾も顕在化するようになっていた。

ベトナム戦争に反対する若者たちが起こしたのが、既存の価値観を否定するヒッピームーブメントだった。若いジョブズも、その中にいた。ヒッピーを卒業して、なんとか就職したゲームメーカー、アタリ社では、薄汚いジーンズをはき、坊主頭で、裸足《はだし》でうろつき回ったりする変わり者だった。

そんなジョブズが創業したアップルは、パソコン市場を切り開いた革新企業だった半面で、カウンターカルチャー（対抗文化）の一面も残していた。

だが、反抗的で若々しかったアップルも誕生から35年あまり経ち、ジョブズたちの切り開いた道を、第二世代、第三世代の起業家たちが続くようになっている。

フェイスブックの創業者でCEOのマーク・ザッカーバーグもその一人だ。ジョブズを敬愛してやまない彼は、23歳の時に「これほど目まぐるしいペースで成長を続け、しかも高収益という企業のCEOとして、どうプレッシャーと向かい合っているのか」と尋ねられた時、テレビで見たジョブズの言葉を引用して、こう答えている。

「ジョブズがこんなことを言っていた。『(仕事を）とことん好きだと心の底からそう思い込め。でなければやり遂げるかいがない』と。

フェイスブックぐらいの会社を軌道に乗せていくために必要なことや必要な仕事は、なみたいていの量じゃない。その仕事が嫌だったり、意味を理解していたりしなければ、ばかばかしくてやっていられない」

ジョブズは20代で億万長者となり、アップルを追放されている間につくった会社ピクサーの株式公開でさらに巨万の富を築き、現在はディズニーの筆頭株主でもある。

ザッカーバーグは25歳で「世界で最も若い10人の億万長者」の第1位になった。２０１０年の推定総資産は４１０億円だ。未上場のフェイスブックが公開された時の個人資産はそら恐ろしいほどである。

二人とも、ごく若いうちに金銭問題から解放されたわけだ。だが、この恵まれた境遇は同時に、金銭的な欲望がモチベーションにならないことも意味する。

金銭に変わるモチベーションが、「好きだ」という強い信念である。

それは自己実現欲求と言い換えることができる。自分の能力や可能性を全面的に発揮して世界を変えたいという欲望だ。

アメリカの経済学者リチャード・フロリダは、脱工業化を遂げた先進国はクリエイティブ社会に移行したと指摘する。科学、教育、芸術、メディアなどに従事するクリエイティブ労働者が経済成長を牽引していく社会だ。

私たちはジョブズのような富豪ではない。だが、クリエイティブ社会に移行した日本にいる。自己実現欲求がモチベーションになる点で、ジョブズと同じ場所にいるのだ。

5 我慢することだ。

パソコンという20世紀を代表するイノベーションをもたらしたジョブズは、若い起業家たちのロールモデル（行動規範）として仰ぎ見られている。「若くして成功したいのですが」「成功するために避けるべきことを知りたい」「自分も起業したい」といった質問がたびたび寄せられるのは当然だ。

こうした問いにジョブズは、いつも次のように答えている。

「それはすばらしい。で、君のアイデアは？」

はかばかしい答えが返ってくるわけではない。アイデアがないから質問しているのだ。

「まだ思いつきません」などと考え込む相手に与えるジョブズのアドバイスは、月並みだが的を射ている。

「皿洗いでもいい、とにかく仕事というものに携わっていなくてはならない。そして、情熱を持って取り組める、これという仕事を求め続けていけ」

猛烈に動く。だが決して働かされない。好きなことを追求する。それが未来の扉をこじ開ける。

ジョブズは1985年に、自分が創業した会社アップルから追放されている。そんな屈辱にまみれてもなお、ピクサーとネクストという会社をつくり、さらには10年後にアップル復帰をなし遂げたのは、「この仕事が好きだ」という熱い思いがあったからこそだ。

好きでさえあれば生き抜いていける。

なぜか。

好きであることは、すべてを耐える原動力となるからだ。

ジョブズは、成功する起業家と敗北する起業家の分岐点は、「我慢することができるかどうか」であり、「我慢することだ」と次のように言っている。

「起業という試みはとても厳しい。人生のほとんどをつぎ込むことが求められ、誰にも耐えられない試練に見舞われることもある。本当に厳しく、仕事のためだけに人生が費やされていく。すでに守るべき家庭を持ち、会社を立ち上げてまだ日が浅ければ、どうやってその苦境を乗り越えればいいのかは私にもわからない」

ジョブズ自身はそれを乗り越えてアップルを立ち上げ、ピクサーとネクストを創業した。さらに、倒産寸前に陥っていたアップルに復帰して、「iMac」などで再建した。それ以降も成功に甘んじることなく、iPod、iPhone、iPadとヒット製品を世に送り続けているのは周知の通りである。

起業の厳しさを語るうえでジョブズほどふさわしい人物はいないだろう。

創業当時のアップルでは、1日18時間働き詰めに働く日が毎週7日も続くことがあった。家に帰ることができるのは週のうち2回か3回。そんな激務に耐えられたのも、この仕事が好きだという情熱があったからだ。

「我慢することだ」という短いジョブズの言葉には、彼の人生が凝縮されていて、私たちを鼓舞せずにはおかない。

6

献身しているのは技術とか革新ではなく、生き方を変えるようなことだ。

アップルを追放されたジョブズは、1996年に特別顧問として復帰し、翌年に暫定《ざんてい》CEOとなり、ようやく2000年に正式CEOになるのだが、特別顧問復帰の1年前に、アップル時代に最も自慢できるものは何だったかと聞かれ、こう答えている。

「世界に変革をもたらす製品を生み出せるかもしれない可能性だった」

ジョブズも若く、スタッフたちも若かった。家庭を持って身を固めるにはまだ早すぎる連中が集まってつくる新製品は、まるで集団制作の芸術作品のようだった。だから夢中になれた。

運も味方した。時と場所にも恵まれていた。

「自分たちが形を与えようと献身しているのは、ただ技術的にすぐれているとか革新的とかではなく、人間の生き方を変えるようなイノベーションだったと思う。そして、アップルについて最も誇りに感じるのは、ここが、技術と人間が手を携えることができる場所だということだ」

技術と人間の手を取り結ぶものが、アートだった。

ジョブズたちは、工業製品ではなく工芸品としてパソコンをつくった。

そのパソコン「マッキントッシュ（マック）」によるDTP（卓上出版）という大変革が、今度はユーザーにアートをもたらした。

それまで特定の人に限られていた出版や、活字による発信が簡単にカラーでできるようになっただけでなく、マックは、タイポグラフィ（書体やレイアウト）もアートだったのだ。現在では普通になっているアイコンやウィンドウでパソコンを操作できるグラフィカル・ユーザー・インターフェース（GUI）も個人にアートをもたらした。

理念はアップル創業の頃からジョブズの心に宿っていた。

「ウォズニアックに代わって言うのなら、60年代後半から70年代の初めにかけてヒューレット・パッカードで働くことで、私とウォズニアックはテクノロジーを追求する企業はかくあるべきだという姿を考えるようになった」

「ヒューレット・パッカードが第一に考えていた目標は、すぐれた製品を生み出すことだった。だが、アップルが第一に考えるのは、世界で一番のパソコンを生み出すことなのだ。世界で一番大きな会社になることでも、一番の金持ちになることでもない」

利益を無視するわけではない。第二の目標は常に収益を出すことである。しかし、それはすぐれた製品をつくった結果である。

この理念を保ち続けたジョブズは、アップルに復帰した時も、眠りこけていた社員の尻を、この理念で覚醒《かくせい》させようとした。

「手始めにやったのは、もう一度ものづくりができる会社に戻すことだった」

大きな可能性は意欲を高め、小さな可能性は意欲を低くする。ジョブズは最大の可能性を常に創出できる人間だった。

7
生がもたらした発明の中でも、死ほどすばらしいものはない。

「生がもたらした発明の中でも、死ほどすばらしいものはないと、常々そう感じていました。命が生まれた頃、死というものは存在せずに命は進化を遂げていたのではないのでしょうか。だが、死なくしては命が十分に進化を果たしていくことができないことに、やがて生は気がついたはずです。なぜなら、死ぬことによって新しい命が生きていく場所が生まれるからにほかなりません」

死があるから新しい命が生まれ、希望や夢が継承されていく。

ジョブズが語る死のイメージは、イノベーションの本質でもある。イノベーションには、持続的イノベーションと破壊的イノベーションの二つがある。どんなに優良なイノベーションでも、改革を繰り返すだけの持続的イノベーションでは飽和を迎え、ニーズとの間にズレが生まれる。

その時、破壊的イノベーションが始まる。

「若い命は50年前の世界がどうだったのかを知らず、たかだか20年前のことも何も覚えていない。目に映るのは今日という日だけ。けれども、今日という日を土台にして次の世代は未来を描くものなのです。

私たちも30年前のものでは満足することはできない。それは、そこに込められた理念に現在という視点が欠けているからです。死なくして、人は一歩も前に進み出すことはできません」

コンピュータ業界自体が、生と死の繰り返しだった。破壊による新陳代謝によって進んできた。

1950年に登場したメインフレームは、やがてオフィスコンピュータ（オフコン）やワークステーションにとって代わられ、今では市場の隙間《すきま》に追い落とされてしまった。メインフレームを追いやったオフコンやワークステーションはパソコンに駆逐された。オフコンという言葉がすでに死語である。

そして、間もなくパソコンが破壊される側に加わろうとしている。アップルが毎年開催している開発者向けイベント「世界開発者会議」で、2010年にジョブズは変化の兆《きざ》しについて述べ、やがて到来するポストパソコン時代、つまりタブレットの時代をすでに予告している。こうして人間も社会も進化を遂げてきた。

だから、一つの視点に安住してはいけない。この世に変化と進化をもたらす担い手とは、一つの視点に固執しない人たちから出てくるのだ。

しかし、一つの視点にとらわれがちなのも、また人間の特徴である。組織が大きくなるにつれ、人間が年齢を重ねるにつけ、とらわれは強くなる。新参者には、つけ入るチャンスがそこにある。

「若い企業、若い起業家がイノベーションを実現させる道はいつの時代にも必ずあるものであり、またそうでなければならない」とジョブズは語っている。

8

日々を最後の日として生きよ。その日は誤ることなくやってくる。

よりよく生きるために日頃から死を身近なものとして意識する生活は、禅に傾倒した若い頃からのジョブズの生き方だ。

2004年に行ったスタンフォード大学の卒業記念スピーチのテーマの一つは「死」と「生きがい」だった。そこで語られた、

「日々を最後の日として生きよ。その日は誤ることなくやってくる」

という言葉は、スピーチのちょうど10年前、アップル復帰前のジョブズがすでに語って

いたものだ。

自分の命がいつ尽きるか知ることはできない。今こうしている瞬間に死を迎えるかもしれない。その時、自分が残していくのは、何か。

「子供のこと、友人のこと、そして仕事のこと……死に臨んで、それが私の残していくものだ。気がかりはそれだ。しかし、それを責任として考えるつもりはない」と。

成功した起業家には経済的にも社会的にも責任が求められる。

たとえば、ビル・ゲイツは、マイクロソフトの会長職にとどまりながらも、２００８年に社業から退き、ビル・アンド・メリンダ・ゲイツ財団の活動に専念している。慈善運動を通じて莫大な資産を社会に還元しようとしているのだ。

ジョブズはどうか。アップル会長として何をなすか。慈善事業家になるのも一つだろうが、仕事を続けることが責任を果たすことだと考えることもできる。

「やってきた仕事がすべてを物語る」

現在進行形は人の気を引くが、過去形はもうあまり気を引かない。真の価値とは、何かを継続することなのだ。

9

アップルは、うずうずしている人間を雇うのだ。

ジョブズがスマートフォンのパーム社に、お互いに社員の引き抜きを控えるように持ちかけたという報道が、2009年になされた。ネタ元は、2007年にこの提案を受けたパーム社の元CEOエド・コリガンだった。

ジョブズがコリガンに密約を持ちかけたとされる日の二カ月前には、アップルがiPhoneを発表してパーム社と競合関係になった。同じ頃、パーム社は元アップルのジョン・ルビンシュタインをヘッドハンティングしている。

これがジョブズの不安をあおったのは想像に難くない。

ルビンシュタインは、ネクスト時代からのジョブズの右腕だからだ。ジョブズの復帰と共にアップルに移籍してハードウエア部門の副社長に就任、「iPod の父」と呼ばれるほどの活躍をしている。

報道の背景には、人材採用をめぐる不正が横行しているというテクノロジー業界の現実がある。反トラスト法に抵触《ていしょく》しかねないジョブズの動きに、司法省も関心を示したといわれる。オバマ大統領の指示で、業界への調査も強化された。

同じく2009年、グーグルCEOだったエリック・シュミットが、兼務していたアップルの取締役を退任した。その時、ジョブズはアップルとグーグルの競合が高まったからだと説明したが、両社の間で行われていた取締役の共有について反トラスト法の嫌疑がかけられたようだ。日本の公正取引委員会に当たる連邦取引委員会が調査を始めたことが、シュミット退任の本当の理由だったという説がある。

特許ひとつで勢力地図が激変する世界だ。

浮沈を経験しながら成功を遂げたジョブズにとって、会社の存亡が人材にかかっていることは、ウォズニアックの自作したアップルⅠを売るためにアップルを創業した時からの原点中の原点だ。

ルビンシュタインと同様にネクストからアップルに移籍し、ソフトウエア部門の上級副社長を務めたのがアビー・テバニアンだった。そのテバニアンも2006年にアップルを去り、現在は映画の音響で名高いドルビーの社外重役だ。

こうした会社の礎石《そせき》のような人物まで転職を繰り返していくのが、まさにアメリカの労働市場であり、労働観なのだろう。

シリコンバレーにあるアップルとパーム社は距離にして8キロしか離れておらず、これまでにも人材流失は双方の間で繰り返し起きていた。

ジョブズはルビンシュタインによってアップルの従業員が引き抜かれるのを恐れた。アップルの上層役員でパームに移ったのは、CFO（最高財務責任者）フレッド・アンダーソン、製品開発部門の副社長マイク・ベルなど、少なくないからだ。

それにパーム社のルビンシュタイン獲得の狙いも、新しいスマートフォンの開発にあるのが明らかだった。この市場はiPhoneの登場によって「再発明」の最中だった。

一方、アップルはアップルでiPhone開発のため、少なくともパーム社の2％の従業員を引き抜いている。人材について人一倍貪欲《どんよく》なジョブズだ。違法性は高いと知りつつも、「人材の流失を防ぐため打てる手はすべて打つ」のは不思議ではない。

かつて、イノベーションはどうやってできるかという質問に、ジョブズは「人次第だ」と答えていた。

「アップルは、世界で一番いいものをつくりたくてうずうずしている人間を雇うのだ。アップルを見てもらえば、働きぶりに卒倒すると思う。夜はもちろん、週末も働き詰めで、しばらくは家族の顔も満足に見ることができない。工場の機械がちゃんと動いているかどうかを確かめるためクリスマスも返上する社員もいる。そんな社員が世界の片隅で働いているから、アップルはあれほどの製品を世に送り出すことができるのだ」

先行き不透明な現在にあっては、「ジョブズが引き留《と》めるほどの人材になる」くらいの目標を持っていい。

2章

今日は素敵なことができたと思いながら眠れ

——人生の充実

10

親になると世界が変わる。自分の内側にあるスイッチが切り替わったみたいだ。

スティーブ・ジョブズは、カリフォルニア州サンフランシスコに生まれて数週間で、同じサンフランシスコに住むポール・ジョブズとクララ・ジョブズ夫妻の養子となった。

ポールは高校中退だが、ジョブズの目には押し出しのいい、とにかくすごい父親として映った。大恐慌《だいきょうこう》時代に青年期を迎え、中西部を転々とし、第2次大戦中は沿岸警備隊でパットン将軍の指揮下で働く。ただ、何かとトラブルに巻き込まれてしまうタイプで、軍に残ることはできなかった。

ポールは手先が器用で、沿岸警備隊時代に機関室で技術も身につけ、腕のいい機械工としてよく働いた。趣味は機械いじりで、ポンコツ車を買っては修理し、走れるようにして売っては次の車を買って小銭を稼いでいた。

自宅ガレージには専用の作業台が置いてあり、ジョブズが6歳になった頃、ポールはその一部を譲って「スティーブ、今からここがお前の場所だ」と言った。それから小ぶりの金槌《かなづち》やノコギリを渡すと、使い方をこまかく具体的に教えた。

親子はここでよく一緒に機械を組み立てては分解した。「本当にためになった」とジョブズは言う。しかし、ポールから受け継いだのは機械いじりの能力より、商売のやりとりだったようだ。

ポールは、ポンコツ車の修理もうまかったが、それを売買する商売はもっとうまかった。稼いだ小銭がジョブズの大学進学の費用になるほどだった。ジョブズも交渉の仕方や値切り方、捨てられた車の所有者を推理する能力などを身につけていく。

やがて一家は、ジョブズの教育問題もあって、エレクトロニクスのエンジニアが大勢住むロスアルトスに引っ越す。電子部品を思う存分扱える町だった。何より、ここにはステイーブ・ウォズニアックが住んでいた。世界を変える二人の出会いは、間もなくだった。

「本当に幸運だった」

ポールを父親として持てたことを、ジョブズはそう語っている。

血はつながっていないとはいえ、ジョブズにとって、育ててくれたポールとクララは、亡くなった今も最愛の人たちだ。ジョブズの前で「養父母」という言葉は禁句で、うっかり口にして何人ものジャーナリストがたたき出された。

「二人とも私の親だ」

そうジョブズは言う。そして、自分の生き方として、こう語るのだった。

「自分の父がそうだったように、私も子供たちにはよき父であろうと思う」

40歳の頃には、ジョブズはこんな言葉を口にしている。

「親になると世界が変わる。自分の内側にあるスイッチが切り替わったみたいなもので、それまでの自分には想像もできなかった感覚が生まれるんだ」

仕事人間の典型であるジョブズの述懐だけに「君が本当に大切なものは何なんだい？」と問いかけられているようだ。

11

育ちに重きを置いていたが、生まれに重きを置くようになった。

ジョブズの実の父といわれるアブダルファン・ジャンダリはシリア人だ。米国ウィスコンシン大学の大学院生だった時に、同級生だった米国人ジョアン（ジョアンナとも）・シンプソンを妊娠させたが、誕生以前から赤ん坊は養子に出すことに決めていた。

ジョブズ誕生の数カ月後、ジャンダリはジョアンと結婚する。そして、2年半後に女の子、つまりジョブズの実の妹をもうけたのちに離婚している。

ジャンダリは魅力にあふれ、将来を嘱望《しょくぼう》された政治経済学者だった。だが、転々と職場を変え、アカデミズムの世界から去っていく。76歳の時には、ラスベガスと同じネバダ州にある町リーノで、カジノの飲食部門の主任をしていたという。

ジョブズの実妹モナ・シンプソンは、のちに小説を書くようになった。ニューヨーク・タイムズの辛口評論家ミチコ・カクタニが絶賛するなど、専門家の間でも評価は高く、米国では知られた作家である。

モナは成人するまで自分に兄がいることを知らなかった。また、10歳の時に父ジャンダリが家を去ったため、父親の記憶も多くない。

そんなモナの作品からは、失われた「家族」の匂いが濃厚に感じられる。

1993年に出版された『エニホエア・バット・ヒア』がそうだ。『ここではないどこかへ』というタイトルで日本語訳が早川書房から出され、日本でも公開された映画『地上《ここ》より何処《どこ》かで』の原作ともなったが、テーマはモナと母親ジョアンとの関係である。翌年に発表された『ザ・ロスト・ファーザー』は、モナ本人の父親探しがベースになっている。

次の作品『レギュラー・ガイ』は、シリコンバレーを舞台に、バイオテクノロジーで起業した主人公オーエンの興亡を描いている。成功したオーエンはやがて実務家たちに会社の支配権を奪われるという筋立てだ。ジョブズは、この小説の25％は真実だと言った。

生まれてすぐに別れた「家族」を、ジョブズも10代の頃から探し続けていた。あきらめかけた27歳の時、私立探偵を使ってようやく見つけ出し、モナや実母とはじめて会うことができた。

ジョブズは、モナの顔立ちや意志的なたたずまいに、自分と同質のものを見つけて驚愕する。写真を見比べても兄妹の目鼻立ちや印象は驚くほど似ている。

もっとも、二人が兄妹であることはしばらくの間は伏せられた。世間に知られるようになったのは、『ここではないどこかへ』の刊行パーティの時だった。

モナは、母親ジョアンと兄ジョブズを伴ってこのパーティに臨んだのだ。

ジョブズの登場に会場は騒然となり、出版関係者は驚いた。モナの出版代理人アマンダ・アーバンも、この時モナの実兄の正体を知った。こう言っている。

「モナには兄さんがいて、コンピュータ業界で働いているという話は聞いていました。でも、その兄さんがあのジョブズだとはパーティまで想像もしていませんでした」

ジョブズは、妹と生母との関係を改めて築いていく。

母子の関係はその後、良好だった。ジョブズは、自分を生んでくれたこと、養子に出す決断をしてくれたことに感謝していたようだ。「二人の間に、これという感情的な軋轢《あつれき》が生じたことはない」と語っている。

兄妹の仲も悪くはない。モナは「兄とわたしは本当に親しくつき合っている。兄のことはとても尊敬している」と言う。ジョブズも冒頭のように「私たちは家族だよ」とコメントし、「それにモナはかけがえのない友人だ」と続けている。

実際、2～3日おきに電話をしては声を聞いていたようだ。モナの住むニューヨーク、マンハッタンのアパートにも、ジョブズはよく訪れていたそうだ。

モナとの出会いはジョブズの心境に大きな変化をもたらした。こう言っている。

「以前の私は『育ち』のほうに重きを置いて生きていたが、自分の『生まれ』というものに改めて重きを置いて考えるようになった。それは、モナという妹のおかげであり、自分の子供を授かったおかげだ」

仕事に精魂込める。それでも、「魂」には帰る場所が別にあるのかもしれない。

12

テクノロジーがなくても素晴らしい人間は育てることができる。

ジョブズは小学校3年生のある日、悪友と二人で、学校の駐輪場の自転車のダイアル錠をすべて取り替えてしまういたずらをした。錠は100個もあり、この日、最後のカギが外れた時は、夜の10時になっていた。

少年ジョブズは多感で繊細で、すぐに泣き出す面もあったが、教師の机に火薬を仕掛けるような手のつけられない悪ガキの面があった。扱いが難しい不安定な子供だったのだ。ジョブズ自身、こう回顧している。

「何かをしでかそうとするエネルギーが絶えずこみ上げてくる傾向があるのを、私は自分の中に確かに感じていた」

幸運だったのは、小学校4年生の時にミセス・ヒルが担任になったことである。ジョブズが問題児であることを承知でクラスに引き取ってくれたのだ。

「自分のためにわざわざ時間を費やしてくれるような先生との出会いがなければ、私は間違いなく刑務所にいた」

とジョブズが感謝を込めて述懐するヒル先生は、勉強をしないジョブズに一つの提案をもちかけた。算数の宿題帳を家に持ち帰って一人でやってみないかと言うのだ。「誰にも手伝ってもらわずにやり上げて、それで80%できていたら、5ドルと、それから買っておいたこのキャンディをあなたにあげるわよ」と。

ジョブズは大きなキャンディと先生の顔をあきれて見つめた。買収しようとしていると思ったのだ。だが、疑惑はじきに信頼に代わる。ヒル先生の巧みな誘導のお陰で、勉強したいという思いに火がついたのだ。

ジョブズには、小学校でやりたいことが二つあった。一つは大好きな読書だ。もう一つは蝶《ちょう》を追いかけ回すことだった。当たり前の夢だろう。

しかし、両方ともできなかった。学校という権威と衝突したからだ。ジョブズにとって、学校は好奇心を締め出そうとする権威主義のかたまりだった。好奇心を抑圧された状態では、読書も蝶追いもできるわけがない。エネルギーは、いたずらに向かった。

それをヒル先生との出会いが変えたのだ。

ジョブズは自発的に勉強をするようになり、4年生が修了するころには中学に飛び級をすすめられるほど学力を伸ばした。実際、1学年をスキップして6年生に進級している。

こういう経験を持つジョブズが、教育市場に興味を持ち、教育界に革命を起こそうとしたのは自然なことだった。

初期には、教育問題の解決にはテクノロジーが有効だと考えていた。全米の学校にコンピュータを無償で提供しようというプロジェクトがその一つだった。

だが、考え方はやがて変わっていく。米国の抱えている教育問題はコンピュータが解決できる性質のものではなく、政治的な問題であることに気づいていく。

「20代の頃、世界のあらかたの問題はテクノロジーで解決できるものと考えていた」

ジョブズはそういう自分の過ちが、こう変わったことを認めた。

「子供を持ってみるとテクノロジーに対する見方は本当に変わってしまう」

教育の大きな目的は、子供の好奇心を引き出して育むことにある。コンピュータが好奇心を引き出してくれるだろうか。助けることはできるが、積極的に引き出してはくれない。それは人間にしかできない営みである。

子供たちが好奇心に火をともすには、人間による積極的なアプローチが必要だ。自分ではまだ気づかない好奇心を掘り起こすのも、コンピュータにはできない。

つまり、子供たちを教え導く人はどうしても欠かせない。そう考えて言ったのが、この言葉だった。

「リンカーンの生まれた小屋にはインターネットは通っていなかった。リンカーンの教育はこの小屋で両親が授けた。歴史を見れば、テクノロジーがなくても素晴らしい人間は育てることができる。逆に、テクノロジーが原因でつまらない人間になったことも歴史は教えている」

子供に必要なのはアシスタントではなくガイドだ。そして、最高のガイドは親なのだ。

13

今日は素敵なことができたと思いながら眠りにつくこと。それが一番だ。

マック開発の直前にジョブズが心を注いだのは「リサ」プロジェクトだ。

この名前は、ジョブズの娘に由来している。はじめての恋人クリスアン・ブレナンとの間にできた娘がリサである。二人は結婚することなく別れたため、クリスアンは未婚の母親になる。

ジョブズはしばらくはリサの養育費を払っていが、やがて滞り始める。アップル創業から2年目のことで、アップルIIが売れに売れ、ジョブズはコンピュータ革命のさなかにいた。自分の「時間とエネルギーの150%」を会社につぎ込んでいたのだ。

やがてクリスアンは示談金2万ドルを提示する。ジョブズには十分な資産ができていたので、年長者のマイク・マークラは、8万ドルにしたらと意見した。これがいけなかった。人に口出しされることを嫌うジョブズは、この忠告に大いにヘソを曲げてしまうのだ。示談金どころか、ジョブズは、リサは自分の子供ではないと、認知を拒み始める。

ウエイトレスの仕事で母娘が食べていくのは困難で、クリスアンは生活保護を受けるようになる。だが、ジョブズは折れない。認知をめぐる抵抗は2年間も続く。鑑定検査を受け、94・97%の確率で親子と判定されたにもかかわらず、自分の子供とは認めず、養育費も払おうとしない。裁判所に提出した本人署名の書類には「自分は無精子が原因による不妊症であり、生殖能力に欠けて子供はできない」とまで書いた。

裁判所の判断によって養育費は支払われるようになったが、リサとはその後も長い間会おうとはしなかった。

やがて27歳の時に実母と実妹に会ったことで、ジョブズはリサとの関係を改めて顧みるようになった。リサが7歳になる頃、二人の間には親子の関係が築かれていき、やがて長女としてリサはジョブズ一家に引き取られた。

リサはその後、米国西部のカリフォルニアを離れて東部のハーバード大学に入学し、卒業後はヨーロッパに渡って7年間を過ごした。

帰国後はジャーナリスト兼ライターとして、雑誌「ヴォーグ」「オルファ・マガジン」などに原稿を書いている。

父親のジョブズは言葉に鋭敏で、スピーチ原稿は専属ライターではなく、ジョブズ本人が書いているという説があるほどだ。叔母つまりジョブズの実妹モナ・シンプソンは作家である。祖母つまりジョブズの生母ジョアンナ・シンプソンはスピーチセラピスト（言語療法士）だった。

自己表現や言葉に対するリサの関心は、父親譲りの才能なのかもしれない。

「氏《うじ》より育ち」と考えていたジョブズは、家族を持つことで「育ちより氏」に関心を寄せるようになった。ある時にふともらした次の感慨が、徐々に公私のバランスが取れていくジョブズをよく表している。

「今日は素敵なことができたと思いながら眠りにつくこと。僕にとってはそれが一番だ」

14

もしこれが地球で過ごす最後の夜だったら？

若い頃のジョブズは「環境決定論者だった」という。

人生の失敗や成功は環境に支配されるという考え方である。環境とは、生まれや育ち、時代、身体的条件など物理的に変えられないものをさす。そこに努力や意思がかかわって、人の一生が定まっていく。

因果関係という視点から人生を眺めれば、環境決定論は一見非常にロジカルなので、若いジョブズにはアピールしたのに違いない。

確かに、ジョブズがエレクトロニクスに興味を持ったのは、父のポールがいたからだ。

若くしてアップルで成功したのは、コンピュータ産業の急成長期、それもメインフレームからパーソナルコンピュータへの移行期という素晴らしい時代に生まれたからだ。しかも、IT産業のメッカ、シリコンバレーで育った。

これらは、本人の努力や意思だけでは説明ができない。環境という大きな枠の中で成功を手にしたと考えるほうが合理的だ。

しかし、心血を注いで名機マックを世に出したにもかかわらずアップルから追放された時、ジョブズの人生観は変わっていく。環境決定論では、人生の突然の暗転をはね返し、失地回復していく方法が探せないからである。

途方に暮れるジョブズは、ある日、決定的な人間に出会う。妻となるローリーン・パウエルである。所用で訪れたスタンフォード大学で、たまたま隣に座っていた女性だった。

その夜は用事があったので、ローリーンとは電話番号を交換して別れたが、駐車場で車に乗り込んだ時、キーをさしたまま、ジョブズは思う。

「もしこれが地球で過ごす最後の夜だったら、仕事の打ち合わせで過ごすだろうか、それともこの人といっしょに過ごしているだろうか」

そして環境を変えるべく行動を起こす。

「気がついたら駐車場の向こうに走り出し、ローリーンを食事に誘っていた。『いいわ』と彼女は答えてくれて、それから二人で町に向かって歩いていった。それ以来、私たちはずっと一緒だ」

1年とたたずにローリーンは子供を身ごもる。生まれた子供は男の子で、ジョブズは自分が入学はしたものの卒業しなかった大学にちなんで、リードと名つけた。さらに二人の子供にも恵まれる。

子供たちの面倒をみるようになってからジョブズは変わったと、周囲は口ぐちに言う。子育てや教育について関心を払うようになり、子供の食事にも気をつけるようになった。PTAにも出席すれば、子供にテレビを見せないように注意するようにもなった。多忙な仕事と父親としての役目の両立をよく話題にするようにもなった。

ジョブズは若い頃に禅へと傾倒したことからもわかるように、一般的なアメリカン・タフガイではない繊細さを多分に持っている。その性向は、子供を持つことでさらなる深みに達したのだろう。

15 今やるべきなんだ。

「子供たちは待てない」はジョブズの最もお気に入りのキャンペーンの一つだった。

アップルが教育市場に乗り出したきっかけは、共同創業者の一人マイク・マークラの娘が小学校で習っていた算数だった。マークラは、正解なら笑い顔、間違いなら渋面《じゅうめん》が画面に出る算数プログラムを提案した。

それが「教育用ソフトをつくりたい学校教師に、安くコンピュータを提供しよう」というアイデアに発展し、アップル教育基金がつくられる。

この基金が、アップルと教育市場を結びつけたのだ。

やがてジョブズは、こんな提案をするようになる。

「もう学校にコンピュータを置いてもいい頃だよ。今やるべきなんだ。子供たちは待てないからね」

ジョブズはアメリカ中の学校にコンピュータを1台ずつ寄付することを考えていた。大変な数の子供の前にアップルの製品が置かれるのだから、ビジネス的にも最高の戦略だった。税の優遇処置があるから、負担は重くない。

しかし、法律を調べると、控除を受けられるのは原材料の分だけなのがわかった。寄付をするには莫大《ばくだい》な金額を負担しなければならなくなる。

普通なら、ここで話は終わりになる。しかし、ジョブズはこう言い放つのだ。

「それなら法律を変えてやろうじゃないか」

法律は時代のあとを追うため、変化に合わないことがよくある。たいていの人はそれをあきらめるが、ジョブズは法律を変えようと本気で考えた。

実際に、たまたま飛行機に乗り合わせたカリフォルニア州選出の下院議員を説得して、「子供たちは待てない」法案の提出にまでこぎ着けている。この法案は下院では成立せず、全米規模での寄付は実現されなかったが、同様の法案がカリフォルニア州議会で成立、同州では9000台を超えるアップルIIが学校に配られている。

アップルを追放された時にジョブズが狙いをつけたのも、教育市場だった。面識のあるノーベル賞受賞者でスタンフォード大学教授ポール・バーグから、実験に使うシミュレーションソフトの能力が低すぎると聞き、大学向けに新マシンをつくる構想を抱いたのだ。ジョブズが得意なのは、優秀な少人数のチームで画期的な製品をつくることである。そこに教育界の革命を組み合わせることで、新会社ネクストの方向を定めた。

結果的にはハードウエアは失敗し、ソフトウエアもジョブズのアップル復帰を後押しするにとどまった。

しかし、ジョブズによってコンピュータが学生や子供に身近となったのは事実だ。

ちなみにスティーブ・ウォズニアックも教育に大きな関心を持っていた。「エンジニアになれなかったとしたら、僕は先生になってた。小学校5年生の先生だ」と言っている。

実際、1989年頃にウォズニアックは近所の学校にコンピュータラボを設置、子供たちにコンピュータを教えたりしている。「先生」として過ごした10年間を振り返って、「僕の人生でもこれほど意義のあった時期はないような気がする」と話しているほどだ。

16

これで世界が変わるわけじゃない。変わらないんだ。

2004年、ジョブズは友人や社員、仕事仲間に1通の電子メールを送っている。膵臓《すいぞう》に見つかった悪性腫瘍《しゅよう》を取り除く手術に関するもので、1カ月ほどの療養を経て復帰するとしていた。

一般的な膵臓がんは治療が難しく、余命1年前後と言い渡されることもある。ジョブズも当初は厳しい診断結果を告げられたようだ。こう述懐している。

「医者は家に帰って身辺整理をしろと私にアドバイスした。つまり死にじたくをせよということだ。子供たちに10年かけて伝えようと思っていたことを数カ月ですべて伝えろということだ。さよならを言えということだ」

ジョブズは丸一日「死の宣告」と向き合った。「死に最も近づいた経験」だった。

幸い、ほどなく受けた生体検査で、腫瘍はまれなタイプであり、手術で治療できると知る。そして生還することができた。

死に直面して、ジョブズが改めて考えた「子供たちに10年かけて伝えようと思っていたこと」とはなんだろうか。

若い頃には、一生かかっても使い切れないほどの巨富《きょふ》を手にしてどうするのかと聞かれ、「かなりの重荷だ。使ってしまわなくてはと思っている」と答えている。その理由は「死ぬ時に子供に巨額の金を残したいとは思わない。子供の人生をだいなしにするだけだからね」というものだった。

ジョブズの実家は、決して裕福ではなかった。学校で、「この宇宙でわからないことは何ですか」という教師の質問に、「なぜ急にうちがこんなに貧乏になったのか僕にはわかりません」と答えるほど厳しい時代もあった。

それでも学費の高いリード大学への進学を認めてもらったり、アップルの創業時にガレージを快く提供してもらったりと、総じて幸せな家庭であった。だから、子供に残すのが単なるお金であってはならないと考えたのだろう。

アップルを追放され、ネクストやピクサーを立ち上げ、結婚して3人の子供に恵まれるなど、公私にわたる節目を経たジョブズは、さらに成熟を感じさせる人間になった。

「子供を持ってみるとテクノロジーに対する見方は本当に変わってしまう」

そうしみじみ言っている。「世界を変える」という口癖も変化した。

「これで世界が変わるわけじゃない。変わらないいんだ」

変わらない代わりに「世界をよくすることはできる」「世界の人々にささやかな楽しみを提供できる」という言い方をするようになった。

巨大なビジョンはあきらめず追求する。その一方で、生きるということの根本に降りてくるようになったのだろう。

テクノロジーによる進歩は重要だが、人間には一対一でしか手渡せないものがある。それは「10年かけて」伝えるべきものであり、数カ月の行動と言葉では伝え尽くせない。

ジョブズはそのことを実感したのに違いない。

3章

毎日18時間働いた。それを楽しんでいた

——人生と闘志

17

恨みに駆られてたくらんだと思われたくなかった。

スティーブ・ジョブズの半生は3幕の戯曲にたとえられることが多い。第1幕は、アップル王国の建国、第2幕は王国から追放されて荒野を拓《ひら》く冒険譚《ぼうけんたん》である。第3幕はもちろん、王国への帰還だ。

追放後10年が経つ頃、ジョブズは、アップルがマックのOS開発に行き詰まり、技術を外部に求めているという話を耳にする。すぐにネクストが開発したOS「ネクストステップ」の売り込みを始めた。

ライバルだったのは、元アップル社員ジャン＝ルイ・ガセーが率いるビー社だった。だが、強気なガセーは法外な金額を吹っかけ、勝利を確信してプレゼンの詰めも甘かった。

一方ジョブズは、ネクストステップの性能を包み隠さずさらけ出し、完璧なプレゼンを終える。また、アップルへの忠誠の証としてネクストの財務諸表を差し出した。さらに、CEOだったギル・アメリオを自宅に招いて親睦《しんぼく》を深め、「もしアップルがネクストの技術でやっていこうと考えているのなら」と、巧みにこうアドバイスしている。

「ソフトを借り受けるのではなく、会社ごと買ってしまうのが得策でしょう。オペレーションには人も必要になってきますよ」

アップルは、ビー社ではなく、ネクストの技術を選んだ。こうしてジョブズは「王国」に帰還し、危機に陥っていた経営立て直しに辣腕《らつわん》を振るうようになる。

しかし、実はこの1年前。ジョブズは、オラクルCEOラリー・エリソンとともに、まったく別の帰還シナリオを準備していたのである。

それは、オラクルなど数社による企業融資でアップルを買収し、同時にジョブズをCEOに就任させるものだった。すでに約30億ドルの買収資金が集まり、「話は99%決まっていた」という。

だが、この話はご破算になる。

肝腎のジョブズが、土壇場でノーを言ったからだ。

理由の一つは、アップル再建には時間がかかり、ピクサーが心配だったことだ。ちょうど『トイ・ストーリー』が大ヒットしてピクサーの株式を公開した年だった。

しかし、最大の理由は、誤解されたくないということだった。

「恨みに駆られて乗っ取りをたくらんだと思われたくなかった。もっとも、アップルから『戻ってほしい』と頼まれていたら、それはそれで違う結果になっていたかもしれない」

望まれて戻るのと、他社の力を借りて乗っ取って戻るのとでは、まるでイメージが違ってくるというわけだ。

仮にジョブズがオラクルと組んで敵対的買収に乗り出していたら、ジョブズの戯曲は王の物語ではなく、魔王の陰謀物語になっていたかもしれない。

周囲の評判を気にするなどジョブズらしくないと感じるかもしれないが、節目においては誤解されてはいけない。そのイメージが終生つきまとうようになるからだ。

18 僕はきっと戻ってくる。

ジョブズがアップルを正式に追放されたのは1985年9月のことだが、まだその予兆がなかった2月には30歳の誕生日を盛大に祝っている。サンフランシスコのセントフランシス・ホテルに1000人あまりを集めて正装の晩餐会《ばんさんかい》を開いたのだ。

ジョブズは尊敬するボブ・ディランを招いたが、スケジュールの都合で実現できなかった。代わりに世界的なジャズ歌手であるエラ・フィッツジェラルドを呼び、華やかなショーを行っている。

前年に発売したマックの売れ行き低迷という厳しい現実はあったが、まだこの段階ではジョブズがアップルを去る日が来るとは誰も考えてはいなかったのだ。

ただ、ジョブズは、自分の意思でアップルを何年か離れることは考えていた。同年2月発売の雑誌『プレイボーイ』のインタビューで、こう話している。

「僕は、これからも僕の人生という糸と、アップルという糸を、綴織《つづれおり》のように紡《つむ》ぎ上げていけたらいいと考えている。まあ、アップルを離れることも、何年かはあるかもしれない。でも、僕はきっと戻ってくる。実際、そんなふうにしてみたいとも思っているんだ」

人は過去ばかり振り向いていてはダメで、あえて過去を捨てることで成長していく。それが真のアーティストだとジョブズは考えていた。

ただし、それは過去の全否定ではない。「僕の心は、常にあそこにある」と言っているが、心を残しながら別れ、また戻る。それが人生の節目だと考えていた。

だから、数カ月後、アップルを本当に去ることになってしまっても、ジョブズはずっとアップルのことを気にかけていた。ネクストやピクサーを創業してからも、アップルは常にジョブズの一部だった。ギル・アメリオと復帰の話をしている時、こう話している。

「本当につらかったんですよ。これは僕の会社でした。追放されてしまいましたが、アップルはいつも僕の一部だったんです」

19

毎日18時間働いた。みんなそれを楽しんでいた。

ジョブズの人生の最大の節目は、やはりアップル設立なのだ。しかし、それが単なるアメリカ人青年の好運に終わらず、さらなる成功につながるのは、マックの開発で極限まで働く経験を経たからである。

新しいものをつくるためには、ジョブズは1日24時間、365日働くことをいとわなかった。周囲にいる人間も、負けず劣らずよく働いた。

たとえばスティーブ・ウォズニアックは、製品開発に取りかかるのが遅くて周囲を困らせたが、いったん腰を上げると文字通り寝食を忘れ、不眠不休で精魂を傾けた。ほとんど狂気に近い状態だったという。古参社員のビル・アトキンソンは、ぶっ続けで働いてグロッギーになって交通事故にあい、危うく死ぬところだった。

また、マック開発チームの部屋にはゲーム機がたくさんおいてあったが、それは週90時間も働くと、自分が疲れているのか元気なのかもわからなくなるからだった。そこでゲームをする。「いつもなら簡単にクリアできるのに、できないな。そうか、疲れてるんだ。仕方がない、寝るか」となるのだった。

マック誕生20周年の時にジョブズは、こう述懐している。

「僕も含めて、マックの開発チームにいた連中はみんな、あの当時が自分のキャリアの絶頂期だったたって言うだろうね。僕らは毎週7日間、毎日14時間から18時間ぶっ通しで働いた。2年間ずっとね。いや、3年かもしれない。それが僕らの生活だった。でも、みんなそれを楽しんでた」

輝かしい成功の影には、これほどの激務がある。

ビデオ用に進めていた『トイ・ストーリー2』を劇場用映画につくりかえるのも、猛烈な仕事だった。スタッフの一人カレン・ジャクソンは、「家族に会うことも、何もかもあきらめなければならなかったわ」と回顧しているし、別のスタッフは、力を合わせて不可能を可能にしたという意味で、「苦しめられたけど、あの映画のことは一番いとおしく思い出すだろう」と言っている。

ジョブズのハードワークぶりはその後も続いた。iPadやiPhoneをつくり上げるために、やはり同様の苦労を社員に強いている。ようやく50歳をすぎる頃から、言葉に出して社員と社員の家族をねぎらうようになっていく。

「社員みんなの家族に感謝したい。特にこの6カ月間は、僕たちの姿をあまり見かけなかったはずだ。夕食の時間にも戻れないし、家族に約束したことだって守れなかったかもしれない。みんなラボ（研究室）に閉じこもっていたからね。そんなことを家族は理解してくれた」

シリコンバレーの急成長企業は好んで若いエンジニアを採用する。それは、彼らが優秀で活力に満ちているからだが、もう一つ理由がある。独身の若者なら、家族を気にすることなく激務に打ち込めるからである。そして、極限が局面を開くことも事実なのだ。人生の一時期の極限経験は力強いキャリアになる。

20

対策を打たない限り、行き着く先は、死だ。

シリコンバレーでは、落ち目になった企業が復活するのは難しいという。アップルも、ジョン・スカリー、マイケル・スピンドラー、ギル・アメリオと歴代CEOが奮闘したものの、下降は止まらなかった。ギル・アメリオの時代には損失10億ドルと、もはや死に体になっていた。

それを引き継いで暫定CEOになったジョブズは、評論家デビッド・コーシーに「ジョブズはアップルの誕生にも臨終にも立ち会う栄誉を担うことになる」と嘲笑され、デル創業者マイケル・デルにも、「僕がジョブズなら会社を畳んで株主に金を返すね」と言われる始末だった。

「アップルは終わった」というのが大方の見方だったのだ。

ジョブズもそれは承知していた。こう言っている。

「アップルには素晴らしい資産がある。だが、対策を打たない限り、行き着く先は……そうだな、適当な言葉を探しているんだ、行き着く先は、死だ」

半面で、ジョブズはアップルに深い愛情を抱いていた。アップルは世界を変えた企業だ。野垂《のた》れ死にには絶対に避けたかった。こう説明している。

「アップルが存在しなかったら、来週の『タイム』誌は出ず、明日の新聞の7割は発行されない。6割の子供はコンピュータを持たず、インターネットのウェブサイトも半分以上が存在しないことになる。アップルは守るだけの価値があるのです」

アップルが教育とDTPで独占的なシェアを持っていることを強調したのだ。取締役に就任したラリー・エリソンも「アップルは、コンピュータ業界においてライフスタイルを提供している唯一のブランドだ」と援護した。

ジョブズは、アップル再生のために矢継ぎ早に手を打った。それは、自分の追放中に「まぬけ」どもがつくり上げた「古いアップル」を捨て去る作業だった。

一つ目は、アドビなどソフトウエアを書いてくれる会社への積極的支援だ。すぐれたソフトがなければパソコンは売れないからである。

二つ目は、マイクロソフトとの提携だ。アップルのファンには不評だったが、意に介さなかった。マイクロソフトもマック専門チームに200名を投入した。

三つ目は、絞り込みだった。取締役会を刷新し、製品をわずか4種類に限定した。不採算のプロジェクトを中止し、人材をiMacのチームに投入した。

アップルは死にかけていたが、人材やブランドなどすぐれた資産があった。守るべきものと捨て去るものを慎重に判断し、断行すれば再生は可能だった。

それは容易ではなかったが、新生アップルは2006年に株式の時価総額がデルを超えるに至る。

何を捨てるかで誇りが問われ、何を守るかで愛情が問われる。ジョブズは、誇りと愛情の力で瀕死のアップルを再生したのだった。

21

何かを捨てないと前に進めない。

暫定CEOとしてジョブズが取締役会と製品に行った絞り込みは、苛烈《かれつ》だった。

取締役は「全員がアップルをどこに売り渡すかということしか考えておらず、再建は微塵も考えていなかった」とギル・アメリオが述懐した通りの惨状だった。

ジョブズは、ナショナルセミコンダクターを再建した手腕があり、ジョブズ復帰の恩人でもあったアメリオを、容赦なく退陣させる。アップル創業時からの盟友で、ジョブズとウォズニアックの後見人的役割も果たしたマイク・マークラも、個人的に会って退陣を説得した。

取締役会は「約75%の首がすげ替えられた」と、元デュポン社長でのちにアップルの経営にも参加したエドガー・ウラード・ジュニアは言っている。

次は、ユーザーの意向を無視して築き上げられた製品の山の処分だった。

アップルには「人のためにコンピュータをつくる」という信念がある。デルやコンパックのような「部品の組み立て屋」ではなく、ライフスタイルの提案者なのだ。

ジョブズは再びマックに輝きを取り戻そうと、製造ラインを大胆に整理した。ラインは、一般市場向けとプロフェッショナル向けに、それぞれノートタイプとデスクトップという4種類になった。不採算のプロジェクトはただちに中止された。この時に、ジョン・スカリーの置き土産になっていた携帯情報端末ニュートンもストップされている。

復帰前に、ジョブズはこんな質問を受けた。

「アップルには前例という型を破り、自らの道を切り開いていく会社だという評判がある。それを今後も持ち続けていけるか。それともありきたりな大企業になってしまうのか」

ジョブズは、アップルはだめになっていると応じ、こう指摘している。

「アップルがだめになったのは、売上や伸長率ではないんだ。アップルがだめにしてしまったのは、その信念なんだ」

ジョブズは、アップルを堕落させた張本人として、自分がスカウトしてきたジョン・スカリーを痛罵する。スカリーと側近たちがアップルを食いものにした結果、経営と現場は分断され、よりよいコンピュータをつくるという使命がないがしろにされたと言う。

「マックに代わる次のコンピュータを生み出す手がかりを誰も思いつけないのは、アップルのものづくりの現場に立ち会っていなかったからだ。この10年というもの、連中はマックで食いつないだすえに、頼みの綱として、ニュートンに手を出した。で、それで何が起きたかといえば、救いようもない悲劇だよ」

復帰直前のアップルは、それまで認めなかったマック互換機の登場を許したが、その互換機がマックのシェアを奪っていくという悪循環に陥っていた。当時の財務状況をジョブズは「倒産まで90日だった」と告白している。ジョブズを復帰させるというアメリオの判断が3カ月遅れていたら、世界には今、iPodもiPhoneもなかったのだ。

ジョブズは、さまざまな出来事をひっくるめ、端的にこう述懐している。

「何かを捨てないと前に進めない」

22

大切なのは、明日、何が起きるかだ。

誰もやれなかったことをやり遂げる。それが人生の大きな転換点になるのは当然だ。マックがそうだった。iPodとiTunsもそうだ。そしてiTMS（iTune Music Store＝現在のiTunes Store）も同じである。

もちろん、やり遂げるのは容易ではない。ジョブズがマックのヒントを得たゼロックスのパロアルト研究所（PARC）を見れば、「やれなかったことをやり遂げる」ことの難しさがわかる。「ゼロックスは、PARCにあらゆる優秀な人々を集めて素晴らしい仕事をさせているのに、それを自分たちでは全然わかっていない」とジョブズは酷評した。

PARCの技術は素晴らしいのに、ゼロックスは製品化ができなかったからだ。

ジョン・スカリーは、ゼロックスと提携しようとジョブズを同社の経営幹部と引き合わせた時、「軽蔑をあらわにするなよ。アップルの将来のために行儀よく」と念を押した。ジョブズは「オーケー。ベストを尽くす」と約束した。しかし、2～3分と経たないうちにゼロックスへの攻撃を始めてしまい、会談はわずか15分で中断となった。

それは、15年あまりのちにジョブズが音楽プレイヤー市場に参入する時も、事情は同じだった。大企業から新興企業まで多くの企業が参入していたが、「まだ誰も成功のレシピを見つけていない」とジョブズは批評した。

そして、アップルだけは成功のレシピを見つけたと宣言した。

どういうことか。

ジョブズはiPod発表に先立って、アップルの製品上で音楽を取り扱うソフトであるiTunesを発表している。

「複雑なコンセプトを信じられないほど簡単で使いやすくした」ものだった。

次にiPodを開発した。

市場に出回っていた類似品は「小さいが保存曲数が少ない」か「保存曲数は多いが大きすぎる」かのどちらかだったが、「小さくて保存曲数が多い」製品を目ざした。

iPodが大ヒットすると、次には、オンラインの音楽配信事業に挑む。

iTunesを、いわばiTMSへと発展させたのだ。

当時、オンラインストアの事業化は無謀だとされていて、多くの企業が失敗していた。

ジョブズはiPodのユーザーが、音楽を合法的に、簡単に、安く入手できるようにしたかった。それも、大手レコード会社すべてが参加する品揃えだ。率先して交渉に臨んだ結果、ついにiTMSがオープン、音楽業界に一大革命を起こすことに成功した。成功のレシピが完成したのである。

音楽事業を軌道に乗せることは、ジョブズにとっても大変な闘いだった。音楽業界も、IT業界も絶望視していた。それを成功させたから、「成功のレシピ」を手に入れられたのだ。ジョブズは、アップルに復帰した時、こう言って、その後の発展を予言している。

「昔を振り返るのはここでやめにしよう。大切なのは、明日、何が起きるかだ」

23
ある日、独占が終わる。

どれほど隆盛を誇った企業も永遠に繁栄し続けることはない。新たな挑戦者の登場によって座を奪われることもあれば、すぐれた製品を生み出すイノベーション力を失って没落することもある。

メインフレーム時代に隆盛を誇り、コンピュータ業界の巨人として長く君臨したＩＢＭがそうだ。世の中の流れがメインフレームからパソコンに移行する中で、徐々に力を失い、アップルやマイクロソフトなどによって座を追われた。

同様のことが、マイクロソフトにも起こりつつあり、やがてはアップルにも起こるだろう。たとえば、１９８８年に「あなたのライバルは？」と質問されたマイクロソフトのビル・ゲイツは、既存の企業の名前をあげるのではなく、こう答えている。

「ガレージで新しい何かを生み出している連中だ」

まさにその年に、マイクロソフトの牙城《がじょう》をおびやかすことになる企業グーグルが、小さなガレージで誕生しているのだ。

ジョブズは、こう言っている。

「ある日、何らかの理由で独占が終わる」

問題はその後の生き方だ。

「でもその時には、製品を担当する最高の人たちは会社を去っている。あるいはもう発言力がない。だから会社は混乱の日々を迎えることになる。生き残るか生き残れないか、二つに一つだ」

若き日、ジョブズは会社の規模が大きくなるにつれ、企業がダメになっていくという問題点を指摘していた。

「会社の規模が何十億ドルにもなると、夢を失ってしまいがちだ。会社を経営する人間と、実際の仕事に携わる人間との間に、何層もの中間管理職が組み入れられて、働く者は製品に対して本来抱くべき愛着や情熱を失ってしまうのさ」

すぐれた人間が素晴らしいアイデアを持っていたとしても、実現にはたくさんの管理職の説得が必要になる。すぐれた人間は、嫌気がさして会社を去り、まぬけばかりが会社に残ってしまうのだ。

ジョブズと同様の見解を示しているのが、グーグルの創業者ラリー・ペイジだ。

「企業には悪しきパターンがある」

テクノロジー企業ですら、実際に仕事をするエンジニアやプログラマーは、経営陣に首根っこを押さえられている。せめて経営陣が技術に強ければいいのだが、彼らの多くは技術にはうとい。その結果、経営陣の指示は的外れになり、あとには幻滅しか残らない。

それを防ぐためには、現場のエンジニアたちが権限を持ち、経営陣にも技術を理解している人間がなるべきだ。「エンジニアの楽園」と呼ばれるグーグルはそうした風土を持っているから、すぐれた製品を生み出すことができるという。

独占はいつか終わる。しかし、そこに製品づくりに愛情を持つ人間がいれば、新たな節目をつくり出し、生き残っていくこともできるのだ。

24

自分の価値観を信じるんだ。

人生では、次々と悪いことが重なる時期がある。その時に判断を誤ると、ダメージは全人生に及びかねない。

ジョブズにとって1985年が、そんな最悪の年だった。前年にデビューさせたマックの売上が急減したため、自分がスカウトしたジョン・スカリーとの暗闘が始まり、マックチームから外されてしまう。一方で共同創業者スティーブ・ウォズニアックが退社し、マックチームの主要メンバーだったアンディ・ハーツフェルドも去っていく。

暗転はさらに続く。スカリーが「当社の経営にスティーブが関与することはありません。

現在もなければ、今後もありません」とコメントを発表し、ジョブズはアップルを追放されてしまうのだ。

そんな時期に言ったのが、この言葉だ。

「次々とことが起こるのはやっかいなものだ。そういう時は、自分の価値観、自分にとって本当に大切なものは何かをよくよく考える必要がある」

ジョブズは自分にとって本当に大切なものを模索し始める。スペースシャトルの搭乗員に応募したが、選にもれた。コンサルタントを雇って政界に乗り出す計画もあったが、成功する可能性が低く、見送った。

やがて気づいた。

原点に戻ればいいのだ。原点に戻ることとは、前に進むことなのだ、と。

原点は画期的な新製品をつくることであり、一番楽しいのは、有能な人を集めた小さなチームと仕事をすることだ。こうしてネクストを設立した。

この決断は正しかった。後年、スタンフォード大学に招かれて行った卒業式記念スピーチで、「アップルからの解雇は私にとって最良のことだった」と述べている。成功者としての重荷から解放され、再び軽やかな初心者となることができたからだ。翌年には、映画監督ジョージ・ルーカスの会社のコンピュータ・グラフィック（CG）アニメ部門だったピクサーも買収し、「人生で最も創造的な時期」に移ることができた。

さらに、自分の原点を見つけることができたジョブズは、社員たちにも混乱の中で何をすべきかを的確にアドバイスできるようになっていた。

それが証明されたのが、ピクサーの大ヒットCGアニメ『トイ・ストーリー』の続編制作だった。ビデオ用として制作が進んでいた『トイ・ストーリー2』を、出資者ディズニーの要請で急遽《きゅうきょ》、劇場用映画に変えることになったのだ。

こんな大変更をするには、もう時間がなかった。しかも『トイ・ストーリー』の監督だったジョン・ラセターは別の作品に時間をとられ、集中できない。ジョブズは、ラセターやスタッフを、こう励ました。

「最善とは言えない状況でやった仕事に一番誇りを感じる」「ピンチの時には新しい人材を探す暇はない。身近にいる人員を総動員して、彼らを信じるんだ」と。

『トイ・ストーリー2』は無事完成し、4億8600万ドルという興行収入を上げた。

25 世界一ラッキーだと思う。

スティーブ・ジョブズとビル・ゲイツは、IBMが君臨していたメインフレームの時代を生き、そこからパソコン時代へと舵《かじ》を切った開拓者である。

性格や手法は対照的なところがある。ジョブズの独創と理想に対し、ゲイツは改善と金儲け、といった感じだろうか。

しかし、ゲイツは早くからジョブズの才能を高く評価していた。

ゲイツはアップル設立の前年にハーバード大学を休学してマイクロソフトを設立し、IBMにオペレーションソフト（OS）を提供、若くして成功した。

けれども、アップルI、アップルIIで時代の寵児《ちょうじ》に躍り出たジョブズには及びもつかなかった。

しかもゲイツのOS「ウィンドウズ」は、マックの模倣《もほう》といってよかった。怒ったジョブズがゲイツを呼び、「お前、盗んだな！」と怒鳴ると、ゲイツは悪びれもせず「ねえ、スティーブ、もともと盗んだのは誰だ？」と応じたという。

「僕たちにはゼロックス（PARC）というお金持ちのお隣さんがいた。僕はそこにテレビを盗もうと忍び込んだ。そしたら、もう君が盗んだあとだったんだ。違うかい？」

20代の頃の二人の関係は、そんなものだった。

その後、互いに非難の応酬をする時期もあったが、ジョブズがアップルに復帰すると、二人は協力し始める。

ゲイツを訪問したジョブズが、「ビル、二人を合わせるとデスクトップの100％を押さえている。市場で二人しかいないプレイヤーが協力し合わないなんてばかげている」と切り出したのは有名な逸話だ。

合わせて100％は事実だが、その比率はゲイツ97％で、ジョブズは3％にすぎない。ゲイツは「驚かされるよ。売り込みの天才だな」とジョブズを評したという。

そういう曲折を経ながらも、二人は共に成功し、富豪になり、共に世界をいい方向に変えた。

やがて50代になった二人が対談した時、ジョブズはこう述懐した。

「僕ら二人は世界一ラッキーな男だと思う。やりたくてたまらない仕事を見つけたし、絶好のタイミングで絶好の場所にいたし、すごく頭のいい人たちと一緒に30年も仕事ができたし、その仕事は僕ら自身がやりたくてたまらないものだったし、これ以上の幸せなんて考えられないよ」

アップルを去ったスティーブ・ウォズニアックも、当時をこう振り返っている。

「僕はとてもラッキーだった。大変革が起きようとしている時代に若者だったからね」

自動車産業が誕生しようという時にヘンリー・フォードが出くわしたように、パソコンが生まれようとする時代に、ジョブズとウォズニアックはアップルI、アップルII、そしてマックをつくった。同様にゲイツもウィンドウズによって世界のOSをわがものとした。

確かに彼らは絶好のタイミングで絶好の場所にいたのだ。

私たちは「ジョブズほどの好運には恵まれていない」と思う。しかし、本当にそうだろうか。「あの時代に、あそこにいたなんて」という好運のさなかに、本当は今いるのかもしれないのだ。それに気づかないだけかもしれない。

だから、どんな転機に際しても「きっと好運なのだ」と信じたい。少なくとも、悲観に陥るよりはずっといい。

4章 目標は金持ちになることではなかった

——人生と誇り

26

なすべき仕事を手がけてきただけだ。

イギリスの俳優兼作家スティーヴン・フライは、２０１０年にカリフォルニア州クパチーノのインフィニットループ１番地を訪ねた。そこは「宇宙で一番クールな住所」、つまりアップル本社だった。

目的はリリースされたばかりのｉＰａｄを試してみることと、スティーブ・ジョブズとの対面だった。

本社構内は大学のキャンパスのように広大で、行き交う社員たちも学生のようだった。スーツにネクタイ姿の者がいるとすれば、何かの用件で訪れた政治家ぐらいだ。

ジョブズも20代の頃は派手なダブルのスーツを着ることがあったが、スーツは東部エスタブリッシュメント（支配階級）の権威の象徴であり、ジョブズは西部の自由さを象徴するように、黒のタートルネックのセーターとリーヴァイス501というスタイルに変わっていく。

フライが会った時もそのスタイルだったが、印象は、思わず「これはにせ者だ」と言いたくなるほど変わっていた。肝臓移植後の激しい憔悴《しょうすい》によるものだった。

2004年の膵臓ガン摘出に続き、その後も重度の肝疾患で移植待機リストのトップにランクされるほど、ジョブズの身辺は健康問題で揺らぎ続けていたのである。

iPadの成功を踏まえつつ、フライはジョブズに引退について尋ねた。

「キャリアの絶頂を迎えた今を、自分の引き際にするのですか」

「人生をキャリアとして考えたことはない。なすべき仕事を手がけてきただけだよ。なすべき仕事として向き合っているだけだ。それはキャリアと呼べるようなものではない。これは私の人生なんだ」

ジョブズはこう答えたという。フライがジョブズの誇り高さに打たれた瞬間だった。

ちなみに、ジョブズが住むパロアルトの家は、1930年代に建てられた宏壮な邸宅を改装したものだ。価格は300万ドル以上らしいが、ジョブズの資産からすればそれでも慎ましいものなのかもしれない。

たたずまいは質素できれいに整い、内装の壁はレンガで家具は木製がほとんどだという。夫婦とも熱心なベジタリアンであり、裏にあるハーブの菜園に、子供たちが収穫物を摘み取りに行くような環境だという。

1996年には、この家を当時のアメリカ大統領ビル・クリントンが訪れ、一夜のディナーを楽しんでいる。そして、大統領も野菜料理を振る舞われている。

クリントンを迎えるために整えられたジョブズ家の居間の調度は、しばらく訪問された時のままで置かれた。

クリントン政権で副大統領だったアル・ゴアは、一時期アップルの社外取締役も務めている。副大統領時代のゴアの功績が情報スーパーハイウェイ構想であり、インターネットの起爆剤となったのがこのプロジェクトだった。

27

目標は最も大きくなることでも、最も金持ちになることでもない。

仕事の価値は何によって測られるのだろうか。規模の大きさか、利益率か、競争力か、あるいはブランド創造力か。

いずれも大切だ。利益がないとダメなことも当然である。

これらのすべてより、「すごい製品をつくること」に価値を置いたのがジョブズだった。

アップルに入社したジョン・スカリーが最初に感じたのは、社内で「勝つ」という言葉がほとんど聞かれなかったことだ。

それまで働いていたペプシコーラでは、「勝つ」以外の言葉はほとんど聞かれなかった。州や地域でシェアを伸ばした武勇伝は頻繁に聞かれるものの、世界に影響力を与えるソフトドリンクを生み出すアイデアが話されることはなかった。

一方、アップルでは、人の視点を変えるとか、世界を変えていくという言葉が熱心に語られていた。

ジョブズが、そうした思いをずっと持ち続けていたからだ。

「私たちアップルの第一の目標は世界一のパソコンをつくることだ。最も大きな企業になることでも、最も金持ちの企業になることでもない」

もちろん売上を伸ばすことや勝つことを否定しているわけではない。ただ、それらは第一の目標ではない。こう話している。

「しばらくの間、そうした目標がアップルではわきに押しやられ、そのちょっとした変化が状況を一変させた」

「最も大切な目標は何か」が忘れられ、利益が第1の目標となった途端、企業は力を失う。

私たちはアップルになぜか誇り高さを感じるが、その理由はここに発している。

28

誰にとっても使いやすい。それが私の仕事だ。

ジョブズは製品に機能を盛り込むのではなく、不要なものを徹底的にそぎ落とすことでシンプルで使いやすく美しい製品をつくる。だが、時には他社が不要と考えるものも取り入れている。

その代表が基準外の漢字の多さや、フォントの種類の多さだ。

「簡単な話さ。人々がそうした文字を使うからだよ。もしあなた（日本人記者）が『寿司レストラン』を経営しているとしよう。今（2001年）、普通に使われているパソコンでは、あなたは店のメニューもつくれない。寿司ネタを表す漢字が揃っていないからね」

普通に使っている文字がパソコンで使えないのではダメである。ところがパソコン業界は、効率を追求するあまり、文字の種類やフォントの種類を標準規格の中に限定しようとする。こうして、普通に使っている文字が使えず、文字も美しくないことになる。

ジョブズはこうした動きに逆らい、たくさんの文字やフォントを用意した。

「誰にとっても使いやすいパソコンをつくるために、必要なものや機能を取り込んでいくことが私の仕事だ」

不要なものは徹底的にそぎ落とすが、必要なものは業界の常識など無視して取り入れていく。そうやって「コンピュータを文化に近づける」のだ。

今では信じられないことだが、かつてのパソコンは、ギザギザのひどい字体しか使えなかった。そこに美しい文字を導入したのはアップルが最初だったのだ。

スタンフォード大学で行ったスピーチで、その時のことをジョブズはこう話している。

ジョブズが入学したリード大学は国内最良のカリグラフィの指導をしていた。ジョブズは書体や文字間のスペースの変化などを学び、芸術的な繊細《せんさい》さに魅了された。

当時はそれが役に立つとは思わなかった。だが、マックを開発している際に、大学で学んだことを思い出し、そのすべてを取り込んだ。

その結果、マックではさまざまな書体が選択できたり、字間のバランスが取れるようになった。

もしジョブズがそうした試みをしなかったらどうなったか。

「ウィンドウズは単なるマックのコピーなので、そのような書体を備えたパソコンは世界に存在しないことになったでしょう」

ジョブズは、このスピーチのテーマとして、「将来を見据《す》えて点と点を結びつけることは不可能だが、点が将来何らかの形で結びつくと信じなくてはならない」ということをあげているが、その例として格好なのが、マックの書体なのだった。

2000年にジョブズはこう話している。

「インターネットは確かに驚異的だが、感動を呼び起こすことはない」

なぜなら、人々が発信する膨大な情報も、検索技術がなければ、たどり着くことはできないからだ。情報加工技術がなければ楽しむことができないからである。

「アップルは人とテクノロジーをつなぐ架《か》け橋のようなものだ」

29

それが生きがいなんだ。人生のほとんどを賭けてきた。

ジョブズが復帰した当時、アップルにはパソコン以外に40種類もの製品が存在していた。ラインアップも15種類あった。それを知ったジョブズは、社員に「この製品はどんな客が買うのか?」「どうして4400より3400(いずれも型番)を推奨するのか?」と質問した。しかし、答えられる社員は誰一人いなかった。

「自分たちの製品を知らずに、どうやって客にすすめるんだい。クレージーだよ」

ジョブズは製品をわずか4つに絞り込む。

「アップルは技術まで捨てている」という批判もあったが、ジョブズの決意が揺らぐことはなかった。

「大きな利点がわかった。すぐれた人材が揃ったチームをすべての製品に投入できるようになったんだ。それに4つしか製品がないから、あわただしく仕事をしなくてもよい。私自身も、すべての製品に注意を払い、助言を与える時間を持てるようになった」

すぐれた製品が生まれない理由は、つくり手が自分の製品を愛していないからだ。自社製品を愛さない人間たちが、違いもわからないままに売りつける。これではいくらアップルというすぐれたブランド力があっても、売れるはずがなかった。

ジョブズは製品を徹底的に絞り込み、そこにすぐれた人材を投入することで、「開発者の愛の結晶」をつくり上げた。

そのかいあって、アップルの業績は急速に回復、黒字基調に乗っただけでなく、かつて「数カ月しかもたない」と言われたキャッシュフローも潤沢なものとなった。

復帰したジョブズは、「年俸1ドルのCEO」だった。復帰の時のオファーを受け入れていれば、株価上昇だけで10億ドルを手にすることができたというのにだ。

アメリカには破格の報酬を手にする経営者が少なくない。その中で、ジョブズの姿勢は際立っている。

「大金を稼ぐために復帰したわけではない。私は25歳の時に純資産が1億ドルもあった人間だ。アップルに戻ったのは、自分のつくった会社が倒産の危機にある時に、何かできることがあれば、と思ったからだ」

日本では地位が肩書きで決まるとすれば、アメリカでは、大統領は別にして、いくら稼いでいるかが地位を決める。それでも年俸1ドルなのだ。

10代の頃のジョブズの抱負は億万長者になることだったが、20代半ばで本当になってしまうと、今度はお金をどう使っていいか迷うようになった。家を1軒とメルセデスベンツ、BMWのオートバイを買ったくらいだった。こう話している。

「お金で買いたいものなんて、すぐに尽きてしまう」

仕事はお金を稼ぐためというより、素晴らしい何かを生み出すためのものとなった。

「それが生きがいなんだ。人生のほとんどを賭けてきた。BMWやベンツやポルシェと同じように、私たちは自分たちの製品を愛している」

30

できない規模の事業に取り組んでいく。

「売上が何10億ドルにもなると、企業は面白味に欠けたものになってしまうものだ」

これは1980年代半ばのジョブズの言葉だ。

「10年、15年前に、アメリカでとびきりエキサイティングな企業を5社あげてみろと言えば、必ずポラロイドとゼロックスが入っていたものだ。でも、今はどうだ。いったい何があったというんだろう」

ポラロイドはジョブズが崇拝するエドウィン・ランドが創業した会社だ。ゼロックスはコピー機を世に出した会社で、マックに多くのヒントを与えたPARCの経営母体でもある。それほどの企業が、ポラロイドの場合はランドを追放し、ゼロックスの場合はPARCの開発技術を製品化できなかった。

ジョブズの言う通り、企業は大きくなるにつれ輝きを失ってしまうことが少なくない。大企業に代わって新たなものを生み出すのは、ベンチャー企業だ。ガレージからスタートして、誰にも負けない誇りと創意をもって仕事に取り組む企業には、ベンチャースピリットがあふれている。

アップルがかつてそうだった。社員数が20名の頃のアップルについて、ある社員は「社長や副社長なんかいるようには思えませんでした」と振り返っている。彼らは誰彼の区別なく、午前8時から夜遅くまで、わずかの食事休憩をはさんで熱心に働いた。休日出勤する社員も多かった。

「アップルで働いている」というと周囲から笑われるほど小規模だったが、社内は活気にあふれ、毎日、新しい仕事に挑戦していた。何か大きなことが起きると全員が興奮した。

しかし、その数年後にアップルは株式を上場、全米から注目を浴びる企業へと急成長す

る。規模の拡大に伴って、会社は確実に変化していった。

社員が増えるだけでなく、ヒューレット・パッカードやゼロックスといった大企業出身者が続々と入社、古参社員は「ここもＩＢＭのようになってきた」と嘆いたという。

アップルに復帰し、「暫定ＣＥＯ」の肩書きから「暫定」を外した頃、ジョブズは今後のアップルには、大企業の力と、ベンチャースピリットの融合が必要だと説いた。

「ベンチャー精神を呼び戻すことも重要だ。一方で、アップルには膨大な資源がある。ｉＭａｃの開発には２０００人のスタッフを投入したが、そんな芸当は創業間もない小企業には無理だ。新ＯＳの開発となると、大企業にだって簡単なことではない。われわれはこれからも、蓄積された資源を活用して、ベンチャー企業にはできない規模の事業に取り組んでいくつもりだが、その原動力はベンチャースピリットにほかならない」

ジョブズは広告代理店シャイアット・デイのリー・クロウに、アップルがかつての輝きを取り戻すためには何が必要かと聞いた。クロウはこう答えた。

「それほど難しいことじゃない。アップルのルーツに戻ればいいだけの話だ」

なくしたものは、たいてい出発点に落ちているということだ。

31

イノベーションの出どころは、夜の10時半にアイデアが浮かんだと電話をし合う社員たちだ。

アップルを追放されて「あの人は今」扱いされた時代、ジョブズに対する周囲の評は辛《しん》辣《らっ》だった。

たとえば、マック部門元監査役デボラ・コールマンは1991年にこう言っている。

「一つだけ途方もない偉業をなし遂げて、その後まったく名前を聞かなくなってしまうという人は多い。J・D・サリンジャーは『ライ麦畑でつかまえて』を書いたが、それ以外

に何をしただろう」

しかし、ジョブズは「一発屋」では終わらなかった。ジョブズのつくったピクサーは、数年後に『トイ・ストーリー』を大ヒットさせ、今日に至る復活劇の幕を開けた。

1995年、ジョブズがサンフランシスコで開いた『トイ・ストーリー』のプレミアショーは「アップルはまぐれじゃなかったぜパーティー」と呼ばれた。その様子を、ある人はこう評した。

「雷は二度と同じ場所には落ちないのが世の常だが、平然とそれに逆らって、アップルで、そして今度はピクサーで成功した」

アップルに復帰したジョブズは、イノベーションを頻繁に口にしている。

iPodを発売した2001年には「私たちは自己イノベーションによってこの不況から脱出する」と宣言し、iTMSを成功させることになる2003年には「イノベーション、それが私たちの仕事だ」と明言している。

以後もiPhoneやiPadなど、たくさんのイノベーションを実現しているのは周知の通りだ。

そんなアップルを見て、どうすればイノベーションが起こせるのかを知りたがる人は多い。だが、ジョブズはそんなものは「ない」として、こう答えた。

「私たちが意識するのは、すぐれた製品をつくることだ。『革新的になろう。勉強しよう。……これがイノベーションの5カ条だ。会社に掲示しよう』というふうには考えない。イノベーションを体系化するのは、かっこよくなろうとして、かえってかっこ悪い人間みたいなものだ」

では、アップルのイノベーションはどうやってもたらされるのか。初期にはジョブズのインスピレーションが大きな役割を果たしたが、現在は社員にあるとジョブズは言う。

「イノベーションの出どころは、廊下で出くわしたり、夜の10時半に新しいアイデアが浮かんだからと電話をし合ったりする社員たちだ。これまでにない、いかしたアイデアを思いついたのでみんながどう思うか知りたい、そういう奴が6人の臨時会議を招集することだってある」

成長とともに失われるベンチャースピリットを取り戻すのは、社員の熱意なのだ。

32

外部から気楽に調達できるものじゃないんだ。だから育てるんだ。

ジョブズは、1985年当時のアップル経営陣からは「経営者不適格」とみなされたが、経営者としての誇りを失うことはなかった。

ネクストを経営する一方で、ピクサーの二人の「未熟な経営者」エド・キャットムルと、アルビー・レイ・スミスを教え導くのだ。

「アルビーとエドが一人前のビジネスマンになる手助けができると思う」

若き成功者ジョブズの目から見ると、二人は世間知らずの赤ん坊だったが、才能はずば抜けていた。

ピクサーは、映画監督ジョージ・ルーカスのルーカスフィルム社のコンピュータ・アニメーション部門をジョブズが買収して創業した会社だ。

その部門をスタートさせたのは、キャットムルの「ディズニーのアニメーターになりたい」という夢だった。絵がうまく描けないキャットムルが考えたのが、当時は不可能とされたCGによるアニメーションづくりだったのだ。

キャットムルは、ユタ大学でコンピュータ科学と物理学の学位を取得し、大学院時代には1分間と短かったが、見る人の度肝を抜くアニメーション映像を制作している。

しかし、紆余曲折《うよきょくせつ》を経て、ルーカスフィルム社に一つの部門を設立したものの、仕事はあくまでもルーカス映画のサポートであり、自分たちが目ざすアニメーションづくりはできなかった。

やがて資金を必要とするルーカスが彼らの部門をハードウエア会社として売りに出し、ジョブズが、言い値よりもはるかに安い1000万ドルで買収したのだった。

ハードウエアに大きな可能性を感じての買収だったが、ピクサーは「会社のふりをした研究者の集団」であり、いくらジョブズがハードウエアを売ろうとしても、できるものではなかった。

ピクサーを救ったのは、ハードウエアではなくアニメーションだった。天才だったがディズニーを解雇されたアニメ監督ジョン・ラセターが加わり、1988年のアカデミー賞短編アニメ賞を受賞した『ティン・トイ』などの短編映画が次々に製作されていく。

とはいえ収益には結びつかず、10年にわたり、ジョブズの私的な資産を食いつぶすことになった。実際、ジョブズも「ピクサーを維持するのにどれほどかかるかわかっていたら、買収しなかったのではないかと思う」と認めている。

しかしジョブズはピクサーを売らず、資金も出し続けた。その忍耐が『トイ・ストーリー』の大ヒットにつながったのだ。

ジョブズはキャットムルやラセターを育てるとともに、ピクサーを、多くのすぐれたクリエイターやエンジニアが育つ職場にしたのである。

「10年をかけ、クリエイティブな人材とテクニカルな人材を育ててきた。外部から気軽に調達できるものじゃないんだ。即戦力になるような人材なんて存在しない。だから育てるんだ」

そう誇らしげに言っている。

ただし、アルビー・レイ・スミスは、ささいなことでジョブズと対立し、ピクサーから離脱を余儀なくされている。ジョブズはアルビーを社史からさえ抹殺したが、情熱がプラスにもマイナスにも大きく振れるジョブズの個性がここにも表れている。

5章

最初の電話のような可能性をつくる

——人生と創造

33

操作が簡単なほうがいいという信仰は間違いだ。いちいち操作するより、そのまま使えるほうがずっといい。

スティーブ・ジョブズがマックを開発していた時、あるプログラマーが、カーソルキーを使えるようにしようとした。ところが、ジョブズはそれは不要だと主張した。

プログラマーは反論した。

「スピードの速いタイピストは、打っている最中にマウスを動かすためにキーボードから手を離すのを嫌がるんですよ」

しかし、ジョブズは譲らなかった。

「無理にやらせる。マウスを使わせるんだ。そのほうが彼らにいいんだから」

ジョブズがこだわったのは、マックを、世界を席巻していたＩＢＭのパソコン（製品名ＩＢＭ ＰＣ）とはまるで違う「人の役に立つもの」に仕上げることだった。

そのためには、マウスやＧＵＩの導入を明確化することが必要だ。それでこそ、難解な入力方法を覚えたり、特別な訓練を受けたりしなくても使いこなせるコンピュータを世に送り出せると考えた。

そしてそれは、世界中の人間のコンピュータの使い方を変えるものでもあった。今では常識になっているマウスを使っての操作も、ジョブズが強引に推進したことで実現したものなのだ。

ジョブズの人を仰天させる要求は、ｉＰｏｄの開発でもいかんなく発揮されている。

あるデザイナーが聞いた。

「電源を入れたり切ったりするボタンは必要ですよね」

ジョブズの答えはたった一言だった。

「いらないよ」

ジョブズは、必要なボタンはホイールの周囲にある「進む」「戻る」「ポーズ」の三つだけでいいと考えていた。これはジョブズの美学であり、それ以外はかたくなに認めようとしなかった。

ジョブズの意を汲んでｉＰｏｄから電源ボタンを取り払ったジョン・ルビンシュタインがこう説明している。そのままジョブズの言葉だと考えていいだろう。

「こういう分野には『すぐに電源を入れたり切ったりできるのがいい製品だ』みたいな信仰があるけれど、それは間違いだ。いちいち電源を操作するより、いつでもそのままの状態で使えるほうがずっといいに決まっている」

その結果、ｉＰｏｄにはいくつかの段階に分かれたスリープモードが組み込まれた。最後に操作されてから経過した時間に応じて徐々に低消費電力モードに切り替わり、最終的には電源が切れるようにした。

そのうえで実際に使用する時には軽く触れるだけですぐに操作可能な状態に復帰できるようにした。

最初はこの仕組みに混乱するユーザーもいたが、今ではいないだろう。それどころか、同様のシステムを組み込んだパソコンなどもよく見かける。

最初は戸惑うが、使っていくうちに便利さがわかり、ついには常識になっていく。それがジョブズのものづくりの特徴でもある。

iPhoneの場合、それまでの携帯電話につきものだったプッシュボタンさえついていない。この決定を下すまでに社内でどれくらい議論がなされたのかと記者が質問したところ、ジョブズはまたも一言「まったくなかった」と答えたという。

「iPhoneのようなタッチ式画面を実際に使ったら、元に戻れなくなる。このほうがすぐれており、数日あれば使いこなせる。もう一つ素晴らしいのは、プッシュボタンの場所を別のことに使える点だ。新しい考えが浮かび、新しいアプリケーションを入れたりした時に、ユーザーインターフェースを変更できる。タッチ式が信頼できることを学べば、それがすぐれていることがわかる」

そしてこうつけ加えたという。

「1週間これを使ってみて本当に素晴らしいと思わなかったら、ディナーをおごるよ」

34

相手を負かすのではない。勝つためには自分がいい仕事をしなければならない。

ライバルの動きに目を奪われすぎると、ユーザーを見失うことがある。ライバルよりちょっといい製品、少し安い類似品を出すレベルで戦うようになりがちなのだ。それでは、肝腎の「お客様が求めている新しさ」から遠ざかってしまう。

ジョブズはアップルを創業した時代、「打倒ＩＢＭ」を掲げていた。だが、それは大企業ＩＢＭのスキを突くといった戦い方ではなく、ＩＢＭのパソコンを圧倒的に突き放す製品をつくることで、ＩＢＭの息の根を完全に止めようという戦いだった。

「ＩＢＭを完全にやっつけてやるつもりです。このコンピュータが登場したら、ＩＢＭには打つ手がないはずです。これはものすごく革新的で信じられないような代物《しろもの》なのです」

こうして１９８２年にパソコン「リサ」が市場に投入される。製品寿命わずか２年の失敗作に終わったものの、ジョブズの戦い方は間違っておらず、次のマックに引き継がれるのだ。マックはパソコンの流れを決定づける製品となった。

ジョブズが追放されたあとのアップルは、マイクロソフトがライバルとなった。

マイクロソフトのＯＳ「ウィンドウズ」は、ビル・ゲイツがジョブズの依頼によって進めたマック用ソフトの開発によって蓄積したノウハウをベースとしている。それもあって、ゲイツは１９８５年には、アップルのＣＥＯジョン・スカリーに「マックＯＳを主要メーカーにライセンス供与し、互換機をつくらせるべきだ。わが社も協力を惜しまない」といった大胆な提案も行っている。

だが、スカリーは耳を貸すことはなかった。それどころか１９８８年には著作権侵害でマイクロソフトを提訴し、その一方で、１９９１年には、かつてのライバルＩＢＭと提携してマイクロソフトと衝突するようになる。

いい製品をつくることで勝つのではなく、包囲網を築くことで相手を負かそうとしたのである。そういうアップルの硬直化をしりめに、マイクロソフトはウィンドウズによってOSを支配する会社へと成長していった。

ギル・アメリオは、一度は裁判で敗れたマイクロソフトを、再び訴えようとした。だが、その時にはジョブズがアップルに復帰していた。ジョブズは取締役会にこう言った。

「同じ過ちを繰り返すのはやめたほうがいい」

ジョブズはゲイツとの交渉を開始、長かった係争に終止符を打つ。そして1997年には両社の提携を発表する。

「アップルが勝つためにはマイクロソフトが負けなければならない（相手を負かす）という考えはそろそろ捨てるべきだ。アップルが勝つためには、自分たちアップルがいい仕事をしなければならないのだ」

2010年、アップルの時価総額は2221億ドルに達し、マイクロソフトを抜いた。ジョブズは社員に「感慨深い日だ」というメールを送ったが、締めの言葉は「さあ、それじゃあ、いいからさっさと仕事に戻ろう」というあっさりしたものだったという。

35

いわば「最初の電話」のような可能性をつくりたい。

技術革新は、古いものをまたたく間に駆逐してしまうことがある。

電灯はランプを瞬時に博物館入りさせ、自動車は馬車をあっという間に市場から退場させた。携帯電話が普通になった今、ほんの十数年前まで「ポケットベル」という商品が便利に使われていたことを記憶する人は少ない。

駆逐される業界の人にとって、新しい製品は、自分の職を奪う憎い敵に見えるかもしれない。しかし、ユーザーの目から見れば、新製品のほうがはるかに便利なのだから、古い製品が消え去ることを残念がる気にはそうなれないだろう。

マックの発表に際し、ジョブズはＩＢＭのパソコンとの比較の中で、マックを「最初の電話」にたとえた。

１８４４年、アメリカで最初の公共電信が実用化された。その時、多くの人が、アメリカ中のオフィスに電信を取りつけたら、生産性が飛躍的に上がると予測した。だが、実際にはそうはならなかった。電信を使うには40時間もかけてモールス符号を覚える必要があったからだ。大半の人はそんな努力などしなかった。

ところが、１８７０年代に普及した電話は、電信とは違って、たちまちアメリカ中のオフィスはおろか家庭にまで広まり、生産性からライフスタイルまで変えるに至った。誰でも簡単に使えるし、普通の言葉を伝えることができるからだ。

ジョブズは、ＩＢＭのパソコンをモールス符号の必要な公共電信に、マックを電話にたとえた。そして、ＩＢＭのパソコンをアメリカ中のデスクに置くべきだと言う人がいるが、使うためにはモールス符号の代わりに「ｑｚｓ」といった新しい符号（コマンド）を覚える必要があることを強調した。

人々はそんな努力をしない。

すなわちＩＢＭのパソコンは、間もなく使いものにならなくなると断じた。そしてこう言った。

「私たちとしては、いわば『最初の電話』のような将来誰にでも使いこなせる可能性を秘めた新しいマシンをつくりたいのです。大衆に広く受け入れられるまったく新しいコンセプトに基づいたマシンをつくりたいのです」

ジョブズは、従来のコンピュータを過去の遺物にするほどまったく新しいパソコンづくりを目ざしていた。

それが「ジョブズ・ウェイ」だった。

ジョブズとビル・ゲイツの大きな違いは、ビル・ゲイツが「これは」と狙いを定めたなら、本当に根気よくコツコツと改良を重ねていくタイプであるのに対し、ジョブズはこれまで築いてきたものを断ち切るかのような革新を試みるタイプである点だ。

だから、ジョブズは旧式のコンピュータを「歴史」と呼んで、こう言い切っている。

「大きく飛躍したいのなら、本当は歴史に奉仕することはできない」

36

私たちは自己イノベーションによって不況から脱する。

歴史に奉仕することよりも大きく飛躍することを目ざすジョブズにとって、アップルに復帰した当時のコンピュータ業界は惨憺《さんたん》たるものに映った。

こう切って捨てた。

「この業界の技術革新は、なっちゃいない。ウィンテル（ウィンドウズ＝マイクロソフトとインテル連合）の世界で技術革新といえば、チップの速度やハードディスクの容量が少しずつアップするぐらいだ」

ジョブズの目から見ると、当時のコンピュータはまだまだだった。ユーザーにとって難しすぎるし、ユーザーがやってほしいことをやってくれない。

一応できることでも、もっと上手にやれるはずであり、進歩の余地がいくらでもあるはずだ。なのに、業界はそうしたことに関心を持たず、やっているのは旧来のものの改良ばかりだ。

これは歴史に対する奉仕、つまりこれまでのパソコンを改善させて向上させることではあるかもしれない。だが、コンピュータを飛躍的に発展させるとか、ユーザーの生活を大きく変えるといった本当の技術革新とはほど遠い。

やがてジョブズはｉＭａｃやｉＢｏｏｋといった従来のコンピュータとは違う斬新な製品を世に送り出すとともに、ｉＰｏｄやｉＰｈｏｎｅなどをつくり出した。

前述の通り、アップルに復帰したジョブズは、「私たちは自己イノベーションによってこの不況から脱出する」「イノベーション、それが私たちの仕事だ」と、イノベーションを頻繁に口にしている。

その通りの活躍をし、市場はジョブズを歓迎したのだった。

37

これは市場が求めているものではなかった。

2006年秋、アップルはApple TVをプレスリリースする。開発途中の製品を発売に先立って公表することは、アップルではきわめて異例だった。

Apple TVは、テレビそのものではなく、ボックス型の信号変換装置だ。これを接続すれば、ビデオコンテンツをiTuneからテレビに配信できる。YouTubeの映像も見ることができた。大きな市場になることが予想されるリビングをターゲットにした商品だった。

翌年に満を持してリリースされたがApple TVの結果はどうだっただろう。

ジョブズは次のようにコメントをした。

「どの会社もリビング向けにすばらしい製品をこれまで投入してきた。マイクロソフトがそうだった。アップルも同じだ。そして、どこの会社もその投入には失敗した。アップルも失敗はした。だが、その失敗はここまでの話だ」

ＡｐｐｌｅＴＶは失敗だと認めざるを得なかったのだ。まだ成熟した製品コンセプトを伴わず、趣味の域を出ていなかったのである。

「パソコンの父」アラン・ケイが「スティーブは欲望というものを理解している」と認めたほどのジョブズにも、市場に潜在する欲望の将来像は見きわめられなかった。

こう言っている。

「はっきりしたのは、これは市場が求めているものではなかったことだ。アップルとしては、写真が大きなスクリーンで見られたらどんなにいいかと考えが、それはケーキに振りかける粉砂糖のようなもので、実はケーキそのものではなかった。だが、これで腑《ふ》に落ちた。市場が待ち望んでいるものは映画なのだ」

ここでジョブズの点と点がつながる。ピクサーを手がかりに築いてきたハリウッドとのパイプである。すぐさま大手のスタジオと交渉して600タイトルの映画をiTuneのリストに加え、Apple TVのアップデートが繰り返されていく。2010年には4分の1にダウンサイジングされた第二世代のApple TVが登場している。

ジョブズは、若い頃からテレビを嫌っていた。

つくり手から視聴者だけという一方通行のコミュニケーションに違和感を覚えていた。テレビ特有の押しつけがましさに対する不満が、ジョブズをコンピュータに向かわせたともいえる。

ジョブズはコンピュータを「知性の自転車」にたとえたことがある。

人間は弱い肉体能力しかない。しかし自転車に乗ることで移動能力は飛躍的に向上する。コンピュータも、これを駆使することで人間の思考力がさらに自由に羽ばたいていくというのである。

ジョブズには「テレビは陰謀だらけだ」という有名なコメントがある。

誰しも、テレビの俗悪さ、下品さ、内容のなさ、権力への弱腰、無責任さ、そのくせ傲慢でやり方が汚いことには疑問を抱くものだ。

ジョブズは「これは陰謀だ。テレビ局はこんな安上がりな代物でわれわれをだまそうとしている」と推測した。テレビとは、視聴者を意図的に低次元のままにおとしめるメディアだと考えたのだ。

だが、よく考えると、それは間違いだったことにやがてジョブズは気がつく。テレビ局が提供している低俗な番組は、まさに大衆自身が見たいと願っているものだ。テレビ局は欲望に素直に応じて番組を放送しているだけである。

もし、多くの人が高尚な番組を見たいと切に願えば、テレビ局はたちどころにそうした番組を提供してくれるだろう。

アメリカでは、多くの国民がテレビのスイッチを入れると同時に、自分の思考のスイッチをオフにする。それは人々が自分でものを考えることを放棄した姿にほかならない。

現実は「テレビ陰謀論」などよりはるかに気がめいる怠惰となれ合いだったのだ。

それに、ジョブズ自身が子供の頃は大のテレビっ子だったという。

「市場が求めているもの」に対する鋭敏なセンスを備えたジョブズでも、その全体像をつかむには至らないのかもしれない。

38

苦しい時こそ、自分にとって何が価値を持つかがわかるんだ。

アップル暫定CEOに復帰したジョブズは、製品ラインを徹底的に絞り込むことで在庫を大幅に減らし、得意とする製品にすぐれた人材を投入することでiMacやiBookといったヒットを生み出した。経営は好転し、ジョブズ復帰時には20億ドルしかなかった時価総額は160億ドルを超えるに至った。

2000年になり、肩書きから「暫定」の文字を外したジョブズは、復活したアップルをこう評した。

「僕が戻る前のアップルは、たとえるなら、泥にまみれたポルシェのスピードスターだったんだよ。すごく汚れて、ただの土くれみたいになっていた。パッと見にはその下にスピードスターが隠れてることがわからないぐらいにね。僕たちはこの2年間かけてその汚れを落として、ようやく本当に美しいスピードスターが姿を現した。今は毎日磨きをかけて、新しいタイヤを履かせたところなのさ」

すべてが順調に見えた。

だが、その年にITバブルが崩壊し、アップルもその影響を逃れることはできなかった。2000年の10～12月期決算で復帰以来初の赤字を計上、素早い在庫処理で翌年1～3月期は黒字を出せたが、7～9月期決算では2500万ドルの赤字に転落した。前年同期は7億8000万ドルの黒字であり、きわめて厳しい状況だった。

ジョブズは社員にこう言った。

「アップルはいかなる市場も自分のものにしていない。顧客獲得を目ざして戦い続ける必要がある」

言葉は勇ましいが、数字だけを見れば、ジョブズも結局は景気に左右される凡庸《ぼんよう》な経営者に思えた。経営が好転したのはＩＴバブルだったからであり、それがはじけて赤字になるのでは、とてもすぐれた経営者とはいえない。

だが、さまざまな経験を重ねたジョブズは、凡庸な経営者ではなかった。同業他社の多くが人員や開発費の削減を進める中、ジョブズはむしろ開発投資を増やしていた。ある役員が、「僕らは賭け金を2倍にしたんだよ」と言っている。

集中的に取り組んでいたのはｉＰｏｄの開発だった。

そして、２００1年の「９・11テロ」でアメリカ中が混乱した時、ジョブズはｉＰｏｄを発表した。ｉＰｏｄは計り知れない利益をアップルにもたらし、アップルを劇的に変えていくのだ。

企業経営は楽しいことばかりではない。起業してもすぐにやめてしまう人が多いことについて、ジョブズはこう言っている。

「やめたくなる気持ちもわかるよ。社員を首にしたり、あれこれキャンセルしたり、難しい状況に直面したりなど、絶望する時や苦しい時が多いからね。でも、そういう時こそ、自分がどういう人物で、自分にとって何が価値を持つのかがわかるんだ」

39

いい兆候だ。危うさの向こうにひと山ありそうなのに、誰も手を出していない。

「いつか金の壺《つぼ》が見つかると思っていたが、それが偽物じゃないという保証はどこにもなかった」

これはマックの開発に打ち込んでいた当時を振り返ってのジョブズの言葉だ。リスクを取る決断ができた者だけが新しいものを生み出すことができる、という意味である。

マックは、従来のパソコンとはまるで違うコンセプトによる革新的な製品だった。爆発的に売れたアップルⅡとも、市場を席捲しているＩＢＭのパソコンとも違っていた。それだけに、長い試行錯誤を必要とした。

マックプロジェクトの「宇宙に衝撃を与えるものをつくる」という高揚と、その一方の「保証はどこにもない」不安を、ジョブズはこう表現している。

「月に一度しか動かないコンパスを頼りに、ジャングルを歩くようなものだった。行先は川なのか山なのか、蛇の巣なのか見当もつかない」

発売されたマックは、当初の熱狂が冷めると、見た目がいいだけの「砂糖菓子」と批判された。コマンドを入力するコンピュータ操作こそが王道であり、マックは邪道だとけなす人さえいた。しかし、やがて本物の「金の壺」となった。

ジョブズはしばしばこうした行先がわからないジャングルへと突き進んでいる。リスクを取ることの大切さについて、ジョブズはこんな話をしたことがある。

「今日、身のまわりには危うそうに見えるものがたくさんあるが、これはいい兆候だ。それは、その危うさの向こう側には何かひと山ありそうなのに、まだ誰も手を出していない時期なのだ」

ｉＰｏｄやｉＴＭＳなども、まさにそうだった。

当時は、インターネットでの音楽ファイルの違法交換がまかり通っており、音楽業界は音楽のダウンロードというアイデアに嫌悪感すら示していた。正式に認められている場合も、音楽業界の権利保護に主眼が置かれていたため、ユーザーにとっては実に使い勝手が悪かった。

まして大手レコード会社すべての了解を取りつけて正式に音楽のダウンロードを実現するなど誰しもが不可能と考えていた。

そこにジョブズはあえて乗り込んでいった。デジタルサービスによって音楽の販売方法も聴き方も大きく変わると信じたジョブズは、大手レコード会社との交渉を自分で取り仕切り、不可能を可能にした。

もちろんリスクを取ることはジョブズにとってもたやすいことではない。アップルへの復帰を打診された時も、ピクサーでの成功を手にしていただけに、迷いがなかったとはいえない。だが、最終的にはこう結論づけている。

「結局、そんなことはどうでもいいと気づいたんだ。だって、これこそが、自分がやりたいことだったんだから。ベストを尽くして失敗したら、ベストを尽くしたってことさ」

40 業界標準をつくり出す。

メーカーにとって業界標準となる製品をつくり出すことは目標である。それがデファクトスタンダード（事実上の標準）として世界標準となれば素晴らしい。

しかし、それは難しい戦いでもある。まして開発には多額の費用がかかる。敗北を喫した場合、その費用がまったくのムダになってしまうことが多い。

古くはビデオデッキにおいてベータ対ＶＨＳの戦いが繰り広げられたことがある。ソニーのベータは技術的にはすぐれていた。しかし、松下電器（現・パナソニック）など多くの企業がＶＨＳを採用したことで、ベータは敗北を余儀なくされた。

パソコンの黎明期《れいめいき》にも、業界標準を争う戦いが繰り広げられた。

最初はアップルIIが業界の覇者《はしゃ》だった。家庭でも教育でも、そしてすぐれた計算ソフトであるビジカルクのお陰でビジネス市場にさえ、順調に浸透し続けていた。

だが、1981年に業界の巨人IBMがパソコンを発売したことで、状況は大きく変わった。

当初、ジョブズは強気だった。

「世界最大のコンピュータ会社なのに、6年も前にガレージで設計されたアップルIIに対抗できるものがつくれなかったなんて、妙なことだと思った」

実際、IBMのパソコンに、新しい技術は何も搭載されていなかった。

だが、IBMというブランドの力は圧倒的だった。1981年末には5万台を売り、1983年になると、シェアがアップル21％、IBM26％と逆転してしまう。

挽回を目ざして同年に投入したリサは失敗に終わった。

IBMとマイクロソフトがつくり上げたOSであるMS-DOSは業界標準の地位を固めつつあった。しかし、アップルの製品は、ほとんどのメーカーと互換性がなかった。

1984年、マックを発売した年にジョブズはこんな言葉を口にした。

「われわれはＩＢＭ互換機にすることによって年間５００万台のマックを売ろうとは思っていない。第二の業界標準をつくり出すことによって、それだけの数字を達成しようとしているんだ」

売上を考えれば業界標準に乗ったほうがいい。巨人ＩＢＭの軍門に下るほうが、開発の苦労も少ないし、メリットが多い。

しかし、ジョブズはその誘惑に乗ることはなかった。ユーザー軽視のＩＢＭに対抗して、自分たちが新たな業界標準をつくることで、ＩＢＭを駆逐すると決意していた。覚悟をこう述べている。

「何らかの理由でわれわれが大失敗をしでかしてＩＢＭが勝つようなことになれば、コンピュータの暗黒時代に突入し、それが20年ほど続くことになるだろう」

しかし、ジョブズがアップルを去ったあとの１９９１年、アップルＣＥＯジョン・スカリーは、ＩＢＭと手を結ぶ契約にサインをした。かつて「その気になれば、ＩＢＭの製品に似たものをつくり、それにアップルのロゴを入れて大量に売りさばくこともできるが、それは誤りだと思う」と言ったにもかかわらず、転身したのだ。スカリーの言い分は「業界のメジャープレイヤーになりたい。ニッチ（隙間市場）プレイヤーではだめだ」というものだった。だが、提携はさしたる成果を生むことはなく、業界はマイクロソフト中心へと大きくシフトしていく。

アップルとＩＢＭの提携は、新たな業界標準をつくり上げようとしたジョブズの思いを粉々に打ち砕くものであった。徒手空拳で出現した業界の風雲児ジョブズがアップルで築き上げようとしたものは、ペプシコーラ出身のエリート経営者スカリーによって次々と壊されたが、これもその一つである。

だから、アップルに復帰したジョブズはアップルとＩＢＭのすべての関係を断った。

「世界はこれ以上デルやコンパックを必要としていない」

こう宣言して、ウィンテルが自分の都合で思うままにユーザーを支配する世界を打破し、メーカーの都合ではなく、個人の利便性を最優先するパソコンを目ざした。

そこから誕生したのがｉＭａｃであり、ｉＰｏｄ、ｉＰｈｏｎｅ、ｉＰａｄといった商品群だ。

一般消費者を対象とする市場でのアップルの圧倒的強さをジョブズはこう評した。

「この20年間アップルが注力してきたまさにその場所に、コンピュータ技術と家電市場が集約されようとしている。だから、われわれは川を渡ってどこか別の所へ行く必要はない。向こう岸がこちらに来てくれるのだから」

ジョブズは誰かがつくった業界標準に乗っかることもなければ、他社を巻き込んで業界標準をつくる努力をするわけでもない。

しかし、今やジョブズがつくり上げるものにはユーザーの圧倒的な支持が集まってくる。誰が業界標準か、誰が業界の覇者かはユーザーが決めることなのだ。

6章

探し続けろ。妥協はだめだ

——人生と確信

41

僕は、自分が何を求めているか知っている。

「スティーブ・ジョブズは、毎朝、鏡に映った自分を見て市場調査をしていた」

これは、ジョブズの右腕としてマックの普及に献身したマイク・マレーの評だ。

ジョブズは人一倍ユーザーを重視する。市場調査もするのだ。しかし、それで決断がふらつくことはない。

なぜなら、目ざすのは、かつてない製品を世に出すことだからである。

「今あるもの」についてならユーザーの声を聞くことができるが、「まだないもの」について聞くことはできない。自分を信じるしかない。「自分の感覚はズレていないか」「ビジョンは正しいか」と自問自答しつつも、迷わず進む。

鏡の自分を見ることが市場調査だというのは、そういう意味だ。

そんなジョブズの真骨頂は、まず、マックで遺憾《いかん》なく発揮された。

マックは、アラン・ケイが「批評するに足る最初のコンピュータ」と評し、ジョブズの好敵手だったビル・ゲイツさえ賛嘆したほどすぐれたマシンだった。だが、一方で記憶容量不足や、機能の拡張性の不備などの欠点を抱えていた。そのため、スタート時は華々しく売れたが、やがて頭打ちになってしまう。

その原因はジョブズにあると、周囲は見た。販売テストや操作テストを行わず、自分の直感だけでプロジェクトを強引に推し進めたからだというのだ。

それに対してジョブズはこう言い放った。

「ベルは、電話を発明する前に市場調査をしたか?」

保守や改良なら調査も役に立つ。だが、独創や発明においては、自分が「これだ」と信じるものをまずつくることだ。使ってもらった上で「どう思う?」と聞けばいい。

この方法は、その後もジョブズの一貫した姿勢となり、世界的なヒットを飛ばし続ける方程式となった。

とはいえ当時のジョブズは、自分を信じる力はあったが、ニーズや人心を細部まではつかみきれていなかった。そのため失敗もあり、自分が創業したアップルを追放され、「全米で最も有名な敗残者」になってしまう。さらに、新たに創業したコンピュータ会社ネクストでも窮地に陥る。

ジョブズが真のカリスマになるのは、追放から10年余を経てアップルに復帰してからだ。新製品・iMac開発にあたり、ジョブズは「オールインワン型に」「フロッピーディスクドライブは不要」という方針を打ち出す。それらは、市場調査の結果に反するものだった。ジョブズは、周囲の反対をこう言って押し切った。

「僕は、自分が何を求めているか知っているし、彼らが何を求めているかも知っているんだ」

結果はジョブズの圧勝だった。iMacは1年あまりで200万台も売れ、アップルは再生への道を歩み出す。それはiPodやiPhoneのスタートでもあった。

迷ったら自分に帰れば答えがある。そんな自分を持たなければならない。

42

自分がものさしにならなければならない。

こだわりという言葉には芸術的側面と偏屈な面の二つがあるが、ジョブズのこだわりは芸術家のそれであろう。

それは、もやは芸術の域に達したプレゼンテーションにも見ることができる。

たとえばiMacの発表前日も、ジョブズはプレゼンのリハーサルをしていた。だが、ステージにiMacが登場する時の照明の強さとタイミングが気に入らない。しつこいほどに修正し、ようやく「これだ。完璧だ」とオーケーを出した。

それを見ていた雑誌『タイム』の記者には、彼のしつこさが理解できなかったという。

こだわるほどの大差はないように見えたのだ。しかし、プレゼン当日に理由がわかった。照明の強さとタイミングは完璧だったからである。本番にならなければわからない表現の細部を、ジョブズはリハーサル段階で見抜いていたのだ。

とことんやり抜いてすべてのスタッフが改善に倦《う》み、「もうたくさんだ」という気分になる。そんな空気をも切り裂いて、あくまで理想を貫く。そんな強烈な執念は、ジョブズの特質の一つだ。

別のプレゼンのリハーサルでは、ある社員が、ジョブズに「お前の説明はまったくなっていない。直せ。できないなら外す」と面罵《めんば》されている。ショックを受けながらも従ったところ、素晴らしいプレゼンができた。その社員は、はじめてジョブズの正しさがわかったと言い、こう続けた。

「はたから見れば、彼は個人的につらく当たっているように見えだろう。でも実は私の能力を引き上げてくれたんだ」

ジョブズは、自分が「こうあるべき」と考える完璧さを極限まで追求する。そのため、周囲の人間は、「なぜここまで?」と理解不可能なところまで追い込まれてしまう。時には嫌気がさす。ところが、それに耐えると、見たことも経験したこともないものを生み出すことができるのだ。

その激変のマジックの理由を説明したのが、この言葉だ。

「自分が、質を測るものさしにならなければならない。卓越さが求められている場に慣れていない人もいるのだから」

この「卓越さ」は、限界を上回る、と言い換えてもいい。

ネクスト時代から活躍し、iＰｏｄ開発でも重要な役割を果たした技術者ジョン・ルビンシュタインは、「ジョブズはいつも僕のハードルを上げてくれる」と言っている。ジョブズが無理な指示を出す。ルビンシュタインができない理由を説明する。ジョブズが「言いたいことはわかった。でも、僕のために頑張ってくれないか」と決めゼリフを言う。その結果、自分一人では絶対にやれなかったことができてしまうのだという。

ジョブズは、人がすぐれた仕事をできないのは、本気で頑張りを期待されていないからにすぎないと考える。期待し、背中を押せば人は期待以上、身の丈《たけ》以上に動くのだ。

その時、人は自分を自分のものさしにしている。

43 快適だと思ったんだ。

ジョブズは、普通の感覚ならどうでもいいようなことも、ないがしろにしない。自分の感覚のほうが普通だと信じる。

アップル追放前の彼は、アップルIでパソコン市場を創造し、アップルIIで大きな利益を上げ、アップルIIIで大失敗し、未完成の「リサ」をはさんで名機マック開発に至るわけだが、そのヒット作アップルIIの開発でも、一見ささいなことに執念を燃やしている。

スティーブ・ウォズニアックが開発に取り組んでいた頃、ジョブズは、どうすればアップルIIが静かなマシンになるかを考えていた。

パソコンの騒音発生源は冷却ファンだ。ブーンという音は集中の妨げになる。かつて熱中した日本の禅から静寂の大切さを知っていたジョブズは、ファンを使わないパソコンをつくろうとした。

実現には熱の発生の少ない電源の開発が必要だが、ウォズニアックは無関心だった。彼にとって電源装置は部品店で買ってくるものであり、少々音がしてもかまわなかった。それが当時の普通の感覚だった。

ジョブズはあきらめず、エンジニアを求めて、若い頃に働いていたアタリ社に行く。そこで出会ったロッド・ホルトという有能なエンジニアに大金を払い、言葉巧みに奮起させて、数週間で電源を開発させた。

こうして、ファンレスを実現すると同時に、コンピュータケースも小型化させた。それがアップルIIの大ヒットの一因ともなったのだ。

こだわりは、アップルIIから20年を経たｉＭａｃの開発でも一貫していた。

ｉＭａｃはスタイリッシュなデザインや斬新なスケルトンカラーなどで大ヒットしたが、その最新型の開発でも、冷却ファンをなくすことに執念を燃やしている。

こう言っている。

「冷却ファンをなくすことが至上命令だった。ブーンという騒音のしないコンピュータで仕事をするほうがずっと快適だと思ったんだ。そのためには相当な技術力が必要だった」

「相当な技術力が必要だった」にもかかわらず静かさに執着するのは、ユーザーはそういう細部をこそ評価すると信じているからである。

人はとかく「できるかどうか」で発想し、できなければあきらめがちだ。しかし、ジョブズは「必要かどうか」で発想する。そして、できなければできるまでやる。そこから、ユーザーが「これこそほしかったものだ」と歓喜する製品が生まれてくるのだ。

iＭａｃからｉＰｈｏｎｅ、ｉＰｏｄ、ｉＰａｄをデザインして「アップルのアルマーニ」と呼ばれるデザイナー、ジョナサン・アイブは、アップルの仕事の特徴は、どんなこまかい点にも目を向けることだと言った。こう続けている。

「それは大量生産というよりも手技に近いと言われます。でも、それはとても大切だと思うんです」

「快適だと思ったんだ」という主観的な表現は、客観的に進めるべき仕事も、究極的には個人の「心」が反映すると言っているのではないだろうか。

44

才能を十二分に発揮しろ。

前出のジョナサン・アイブは、アップルインダストリアルデザイングループ上級副社長を務める一方で、イギリス有数のデザインと広告の大賞D&AD賞を6回も受賞している。過去10年で最高の通算受賞記録だ。

今では栄光を手にしたアイブだが、アップルで働きたい一心で25歳の時にイギリスからアメリカに移住し、入社後も5年ほどは片隅で腐っていた。何のひらめきもない「ベージュ色の箱」ばかりをつくらされ、満足な仕事がまったくできなかった。

当時はジョブズが追放されており、アップルらしい製品づくりが途絶えていたのである。

何のために入社したのか、アイブは途方に暮れるばかりだった。

5年後に、それが一変する。

ジョブズが帰ってきたのだ。そして、アイブの才能に目をとめたのだ。

ジョブズから呼び出され、「クビか」と誤解して辞表を用意したアイブに下されたのは、意外な指示だった。

「才能を十二分に発揮しろ」

「アップルに入社した理由が復活した」とアイブは歓喜している。彼を魅了したアップルは、デザインを「見た目」ではなく「機能の体現」だととらえる会社だった。ジョブズの退場で途絶えていたその伝統が、よみがえったのである。

ジョブズは、デザインというつかみどころのない言葉を、こう定義している。

「見た目のことだと考えている人がいるが、デザインとは機能のことである」

外観もデザインの一部なのだが、デザインとは、どう人の目に映るかだけではない。

「すぐれたデザインをなし遂げるには、製品の本質を理解しなければならない。鵜呑《うの》みではなく、十分に対象をかみ砕く作業なのだ。ほとんどの人は物の本質について十分な時間をかけて理解しようとはしない」

と言っている。「美しいか平凡か」「見えるか見えないか」「売れるか売れないか」といった二元論で考えると、判断がつかなくなることがある。そんな時には本質に戻ることだ。曇りのない目で問題を見直すことができる。

ジョブズの考えは、アイブのデザイン思想と一致していた。D&AD賞受賞後のインタビューで、「デザインというものは、妥協を許してくれません」とコメントしたあと、次のように続けている。

「アップルでは、デザインとは製品の外観をいうのではなく、製品そのもの、つまりどうやって機能するかなのです。製品と切り離してデザインを考えることはできません」

だから、「見えるか見えないか」は関係ない。

現にジョブズは、アップルIIのマザーボードのハンダづけを芸術的なまでに乱れのない直線で仕上げていた。誰も見ない場所である。だが、当時から「真っ当な職人は、たとえキャビネットの裏側でも端材《はざい》は使わない」という完璧主義者だったジョブズは、妥協をしなかった。心を理想につなげ、目は本質につなげる。それが才能の発揮なのだ。

45　僕らならできる。

人生には楽観が欠かせない。１年かかりそうでも「今月中には見通しが立つ」と断言し、絶対無理に見えても「なんとかしてみせますよ」と挑戦する。そこから道が開ける。根拠は必ずしもなくていい。「できる」と思うことがすでに根拠になる。まずやってみようという気持ちが大切なのだ。

慎重な人間から見れば危なっかしいだろう。もっと緻密《ちみつ》に計算し、絶対大丈夫となってから動くべきだと思うだろう。だが、それでは飛躍ができないのだ。

ジョブズは当然、楽観的である。率いられるチームも向こう見ずなスタッフばかりだ。たとえば、ゼロックスのＰＡＲＣを見学した時もそうだった。

PARCは当時最も先進的なコンピュータ科学の現場だった。マウスを使ってアイコンやウィンドウを操作する現在のGUIやレーザープリンタ、光ディスクなど、多くの独創的な技術を開発している。

ただ、肝腎の製品化ができなかった。

一方ジョブズは、突破口を探していた。

アップルIIで大きな利益を上げたものの、巨人IBMの市場参入でシェアを奪われつつあった。アップルIII失敗の挽回を期したプロジェクト「リサ」を立ち上げたが、まだマックは構想されていない。端境期《けざかいき》のような時だった。

そんな状況下で目にしたPARCの技術は、感動的だった。ジョブズは、将来はすべてのコンピュータがこうなると確信した。

帰途、ジョブズが、「あの技術をリサで実現するにはどのくらい時間がかかるか」と聞いた時、のちにマックの主要開発者の一人となる古参社員ビル・アトキンソンは、こともなげに「6カ月でしょう」と答えたという。

実際には、そんな短期間ではどうにもならなかった。しかし、この楽観的なスタートが、ゼロックスができなかったPARCの技術の製品化という大事業を、なし遂げる突破口になったのだ。

それから20年以上がたち、売れ筋だったiPod mini の販売をやめてiPod nanoの開発を構想した時も、ジョブズはやはり楽観的だった。どんなプレイヤーよりも小さく、かつiPodと同じ機能を持つ製品ができるのかと、みんなが不安がった中でジョブズが言ったのが、この脳天気な言葉だった。

「僕らならできるだろうと思ったんだ」

楽観したところで、苦労に変わりはない。ジョブズも、韓国のサムスン電子からフラッシュメモリの大量供給契約を取りつけるなど、多くの問題をクリアするために大変な苦労をしている。設計図を見て「無理だ」と凍りつくエンジニアたちを奮い立たせ、ようやく完成した。

iPod nanoの発表会の日、ジョブズは「これは世界中のどんな企業にもつくれない」と自慢したが、その自信は「楽観、苦闘、完成」のサイクルから生まれたものだ。「悲観、傍観、無為無策」のスパイラルからは何も生まれない。

46
僕が生命を与え、収穫する。

人間は自分が一番かわいい。だから普通は誰でも、人から「あなたは特別な人間です」と言われたい。

それなのに、決断や、重要な責任を負う場面になると、誰もが特別扱いを避けたがる。左右を見て顔色をうかがい、特別扱いを避けて安全地帯に身をかがめたがるものだ。

ジョブズは違う。自分は特別だと信じている。抱くビジョンは強引なまでに実現しようとする。時に失敗はあるが、ためらいはない。

かつてジョブズは、尊敬する科学者でポラロイドカメラの発明者エドウィン・ランドから、科学者が抱くビジョンについて、こう語りかけられた。「ポラロイドカメラがどういうものか、私にはわかっていた。それはとてもリアルだった。まるで開発する前から目の前にあったみたいに」と。

ジョブズは、マックの開発も同じだったと応じた。自分には、つくられる前の製品が、そこに置いてあるかのようにありありと見えるというのだ。製品は自分の内部にあり、あとは引き出すだけだと言っている。

「僕がしなくちゃいけないことは、それを具体化し、生命を与え、収穫することだ」

ジョブズはエンジニアではない。かつては経営能力もなかった。人を惹《ひ》きつける半面で敵も多かった。そんな人間が世界的な成功者になれたのは、「これから何を?」というビジョンを描く力があったからだ。

そんなジョブズの力を、ジョブズに口説かれて大企業ペプシコーラのCEOからアップルCEOに転じたジョン・スカリーは「彼は実際には何もつくらなかったのに、すべてをつくった」と表現している。

あるいは、マック開発メンバーでネクストジャパンの代表取締役でもあった比嘉《ひが》ジェームスは、「自分が描いたビジョンから決して目を離さない。さらには持ち前の行動力と自信によって、ついにはそのビジョンを実現してしまう」と評している。

それは、時には「見えているジョブズ」対「見えていない人たち」との軋轢《あつれき》を生む。実際、ジョブズは「どうしてみんなわからないのかな？　僕にはよく見えているんだけど」とぶつかることもあったのだ。

マックの場合も、売れ行きが止まった原因を、ジョブズはつかめなかった。なぜなら、マックはジョブズにとって最高の製品だったからだ。周囲に責め立てられ、ジョブズは苦境を抜け出すために米国の大手企業と販売協力を進めようとした。ゼネラルモータースやコカコーラ、電話会社AT&Tなどだ。エプソンとの提携のために日本にも来ている。

すべてうまくいかなかった。マックの販売は回復せず、やがてジョン・スカリーは曲折の末にジョブズを追放することになる。

しかし、マックはその後もアップルの看板製品であり続けた。スカリーが在任中にアップルの栄光が色あせなかったのは、ジョブズのビジョンが結実したマックの力だ。

飛ぶためには、まず空が必要だ。ジョブズには空をつくる力があったのである。

47
探し続けなくてはならない。妥協はだめだ。

ビル・ゲイツのある回顧記事を読んで、ジョブズはこう述懐したという。

「ビルは言っていたよ。『20代の頃、自分は本当に働きに働いた』と。言いたいことはすぐにわかった。同じ頃、自分も本当に働き詰めだった」

そしてこう続けた。

「1週間休みなしで働き続け。しかも毎日朝から晩までだ。しかし、そんな無茶な働き方が未来永劫《えいごう》できるわけではない。あんな大変なことは誰だって金輪際《こんりんざい》ごめんだ」

マーケティングの権威で、アップルにも創業当時から関係しているレジス・マッケンナは、若き日のジョブズをこう評している。「素人のままビジネスの世界に飛び込んで、マネジメントはもちろん、経営スキルなどまったく知らなかった」と。

そんな徒手空拳の若僧が、アメリカンドリームを実現して時代の寵児《ちょうじ》となるには、猛烈に働き、社員にも同じことを求めるしかなかった。

星に届きそうなほど高いビジョンを掲げ、スタッフのモチベーションを猛烈に高める。率先して極限まで働き、それをスタッフに伝染させる。

こうしてプロジェクトが白熱していく時、スタッフは、ジョブズに働かされるのではない。自分から働く気になっている。

だから、みんなジョブズに感謝する。

「働かされている」と感じる人間は去るだけだ。

こうしたカリスマ的な手法は、名機マックを生み出す力となった半面で、安定経営とは遠いものだった。年長のほかの経営陣の理解を得られないこともしばしばで、やがて、ジョブズは追放される。

そのジョブズがアップルに復帰し、再建に成功できたのはなぜだろうか。ジョブズは経営に無知な若者ではなく、ピクサー、ネクストという二つの会社を立ち上げて世間並みの苦闘もし、成熟した経営者に変貌していたのである。

一人で突っ走るのではなく、人に任せるマネジメントの要諦も学んでいた。有能な部下たちに委任することで、ジョブズは「働き詰め」になる必要はなくなるはずだった。

だが実際には、その後も多忙は続いている。

アップルとピクサーは、サンフランシスコ湾をはさんで対岸にある。単独でも激務なのに、両社のCEOとして采配《さいはい》を振るい、しかも驚異的な業績をもたらしたジョブズは、朝型人間だという。

午前6時に起床、子供たちが起き出すまで1時間半から2時間、仕事をする。軽い朝食をとって学校に送り出したあと、仕事を続ける場合もあるが、普段はそのまま出社して、だいたい8時か9時頃にはアップルに着いている。

二つの会社の現状を把握し、企画書を読み、メールのやりとりが続く。

タイム誌の記者の取材では、1999年夏のある日、ジョブズは午前中に25通のメールを処理し、ピクサー関連の件で電話を10回すると、午後から夕方までアップルに関するメールに100通の返事を送り返したという。

生きることが命をつなぐことであるように、仕事も努力をつなぐことなのだ。

2004年、スタンフォード大学の卒業式スピーチでジョブズは、実社会に旅立つ学生たちに続けることの大切さを訴えた。

「これと思える仕事を見つけなくてはいけない。それがまだなら、探し続けなくてはならない。妥協はだめだ。ほどほどで手を打ってはいけない」

参考文献

《日本語書籍》
『スティーブ・ジョブズ　偶像復活』ジェフリー・S・ヤング＋ウィリアム・L・サイモン　井口耕二訳　東洋経済新報社
『スティーブ・ジョブズ　パーソナル・コンピュータを創った男』（上、下）ジェフリー・S・ヤング　日暮雅通訳　JICC出版局
『スティーブ・ジョブズの道』ランドール・ストロス　斉藤弘毅＋エーアイ出版編集部訳　エーアイ出版
『スティーブ・ジョブズの再臨』アラン・デウッチマン　大谷和利訳　毎日コミュニケーションズ
『スティーブ・ジョブズの流儀』リーアンダー・ケイニー　三木俊哉訳　ランダムハウス講談社
『スティーブ・ジョブズ　驚異のプレゼン』カーマイン・ガロ　井口耕二訳　日経BP社
『スティーブ・ジョブズの王国』マイケル・モーリッツ　青木榮一訳　プレジデント社
『アップル・コンフィデンシャル2・5J』（上、下）オーウェン・W・リンツメイヤー＋林信行　武舎広幸＋武舎るみ訳　アスペクト

『アップル』（上、下）ジム・カールトン　山崎理仁訳　早川書房
『アップル薄氷の500日』ギル・アメリオ＋ウィリアム・L・サイモン　中山宥訳　ソフトバンク
『メイキング・オブ・ピクサー』デイヴィッド・A・プライス　櫻井祐子訳　早川書房
『ピクサー流マネジメント術』エド・キャットマル　小西未来訳　ランダムハウス講談社
『ピクサー成功の魔法』ビル・カポダイ＋リン・ジャクソン　早野依子訳　PHP研究所
『iPodは何を変えたのか？』スティーブン・レヴィ　上浦倫人訳　ソフトバンククリエイティブ
『レボリューション・イン・ザ・バレー』アンディ・ハーツフェルド　柴田文彦訳　オライリー・ジャパン
『アメリカン・ドリーム』マイケル・モーリッツ　青木榮一訳　二見書房
『アップルを創った怪物』スティーブ・ウォズニアック　井口耕二訳　ダイヤモンド社
『スカリー』（上、下）ジョン・スカリー＋ジョン・A・バーン　会津泉訳　早川書房
《英文ウェブ版雑誌・新聞》
Magazine［Time］1999.8.13　2007.1.12　2007.7.17　2009.1.8　2009.1.14　2010.4.1　2011.3.3
Magazine［Fortune］2008.3.10
Magazine［New York Times Magazine］1997.8.9

Magazine [Bloomberg Businessweek] 2004.8.12 2000.8.20
Magazine [Wired] 1996.4.2
Newspaper [The New York Times] 2008 2. 20
Newspaper [The Independent] 2008.5.19
Others [CNN Money.com] 2008.3.5
Others [REUTER] 2001.4.8
Others [Worldwide Developers Conference] 2010.5
Others [Steve Jobs Oral History] 1995.4.20

桑原晃弥(くわばら・てるや)

1956年広島県生まれ。経済・経営ジャーナリスト。慶應義塾大学卒。業界紙記者、不動産会社、採用コンサルタント会社を経て独立。人材採用で実績を積んだ後、トヨタ式の実践と普及で有名なカルマン株式会社の顧問として、『トヨタ流 自分を伸ばす仕事術』(成美文庫)、『トヨタはなぜ人を育てるのがうまいのか』(PHP新書)などの制作を主導した。
著書に『ジョブズはなぜ、「石ころ」から成功者になれたのか?』『ウォーレン・バフェット賢者の教え』(いずれも弊社)、『グーグル10の黄金律』(PHP新書)、『スティーブ・ジョブズ名語録』『ものづくり現場の名語録』(以上PHP文庫)、『1分間スティーブ・ジョブズ』(ソフトバンククリエイティブ)などがある。

経済界新書
013

スティーブ・ジョブズ
神の遺言

2011年10月6日　初版第1刷発行
2011年10月31日　初版第4刷発行

著者　桑原晃弥
発行人　佐藤有美
編集人　渡部 周
発行所　株式会社経済界
〒105-0001 東京都港区虎ノ門1-17-1
出版局　出版編集部☎03-3503-1213
出版営業部☎03-3503-1212
振替　00130-8-160266
http://www.keizaikai.co.jp

装幀　岡 孝治
写真　ゲッティ・イメージズ
印刷　(株)光邦

ISBN978-4-7667-2023-5